Jean Plassard

ROUFFIGNAC

Das Heiligtum der Mammuts

thorbecke
SPELÄO 7

Jean Plassard

ROUFFIGNAC
Das Heiligtum der Mammuts

Aus dem Französischen übertragen
von Peter Nittmann

Herausgegeben und mit einem Geleitwort
von Gerhard Bosinski

Jan Thorbecke Verlag
1999

Besichtigungszeiten

Die der Öffentlichkeit zugänglichen Teile der Höhle von Rouffignac mit ihren Malereien können zu folgenden Zeiten besichtigt werden:

Letzter Sonntag vor Ostern bis 30. Juni: 10.00 – 11.30 und 14.00 – 17.00 Uhr
1. Juli bis 31. August: 9.00 – 11.30 und 14.00 – 18.00 Uhr
1. September bis 31. Oktober: 10.00 – 11.30 und 14.00 – 17.00 Uhr
Vom 1. November bis zum letzten Samstag vor Ostern ist die Höhle geschlossen.

Anschrift der Höhle: Grotte de Rouffignac
F-24580 Rouffignac
Telefon: 00 33/553 05 41 71

Die Deutsche Bibliothek – CIP-Einheitsaufnahme

Rouffignac: Das Heiligtum der Mammuts / Jean Plassard. Aus dem Franz. übertr. von Peter Nittmann. Hrsg. und mit einem Geleitw. von Gerhard Bosinski. – Stuttgart: Thorbecke, 1999
(Thorbecke SPELÄO; 7)
Einheitssacht.: Rouffignac <dt.>
ISBN 3-7995-9006-4

Titel der französischen Original-Ausgabe:

Jean Plassard
Rouffignac. Le Sanctuaire des Mammouths

Collection »Arts rupestres« dirigée par Jean Clottes

Titel der deutschen Ausgabe:

Jean Plassard
Rouffignac
Das Heiligtum der Mammuts
Aus dem Französischen übertragen von Peter Nittmann
Herausgegeben und mit einem Geleitwort von Gerhard Bosinski

thorbecke SPELÄO 7 – Kunst und Kultur der Altsteinzeit. Herausgegeben von Gerhard Bosinski

Bildnachweis: Alle Abbildungen, mit Ausnahme der Nr. 12 (J.-M. Bouvier) und der Nr. 13 (N. Aujoulat), stammen von F., L., M.-O. und J. Plassard

Umschlagabbildung: Mammutdarstellung aus Rouffignac, vgl. Abbildung 14

Dieses Buch ist aus säurefreiem und alterungsbeständigem Papier hergestellt.

Satz: polyma, Konstanz
Druck und Buchbindearbeiten: Mame, Tours

Printed in France

ISBN 3-7995-9006-4

Geleitwort

Lieber Jean,

ich beglückwünsche Sie zu diesem schönen Rouffignac-Buch. Man merkt auf jeder Seite, wie gut Sie Ihre Höhle kennen, und auch, daß es ein Stück Ihres Lebens ist.

Rouffignac ist eine sehr große Höhle, zusammen mit Niaux und Bedeilhac eine der größten Bilderhöhlen überhaupt. Die Bilder sind keineswegs verborgen; wie in Niaux waren sie im Prinzip immer bekannt. Doch eben nur im Prinzip; als Darstellungen aus dem Paläolithikum wurden die Bilder erst 1956 von Louis René Nougier und Romain Robert entdeckt. Diese psychologisch bemerkenswerte Tatsache läßt für viele andere Höhlen, auch in Deutschland, noch hoffen.

Der Grundriß Ihrer Höhle erinnert an einen großen Baum mit vielen Ästen. Sie haben überzeugend herausgearbeitet, daß die paläolithischen Menschen zunächst das gesamte System erkundeten und dann einen Teil der Galerien und Gänge zu ihrem Heiligtum gestalteten. Der Höhlenraum selbst ist Teil der Bildergeschichte, die an den Wänden und Decken dargestellt ist. Dieses Volumen, in das die Bilder eingepaßt sind, kann kaum durch ein Buch vermittelt werden. Man muß es sehen. Anders als bei anderen Bilderhöhlen, die oft nur schwer oder gar nicht zugänglich sind, fordere ich alle Leser auf, Rouffignac zu besuchen. Dies ist auch in Ihrem Sinne, denn Ihre Höhle ist ja auch Ihre wirtschaftliche Basis.

Die Bilder in Rouffignac sind mit den Fingern oder einem Gerät »graviert« oder mit schwarzer Farbe gezeichnet. Es sind alles Strichzeichnungen, und Sie haben darauf hingewiesen, daß die angewandte Technik – »gravierte« oder schwarz gezeichnete Linien – von dem jeweiligen Untergrund abhängt.

Die Darstellungen bilden ein technisch und stilistisch einheitliches Ensemble, das in einer einzigen Phase entstand. Dies muß, wie Sie schreiben, auch Henri Breuil erkannt haben. Anders als 1940 in Lascaux, wo der Altmeister noch versuchte, die Bilder nach ihren verschiedenen Farben über einen längeren Zeitraum zu verteilen und so seine Interpretation als eine im Laufe der Zeit entstandene Ansammlung von Einzeldarstellungen zu retten, boten die gleichartige Ausführung und die offensichtlich szenische Anordnung z. B. der Friese in Rouffignac diese Möglichkeit nicht. Ich habe mich oft gefragt, warum der geniale Henri Breuil die unübersehbare Ähnlichkeit, den unverwechselbaren Stil einzelner Höhlen wie Pair-non-Pair, Covalanas, Niaux oder Les Trois Frères nicht bereits viel früher als einen Hinweis auf die Zusammengehörigkeit der Darstellungen in den jeweiligen Höhlen begriff. Wenn er dies nun in Rouffignac, mit 79 Jahren, verstand, so war es doch zu spät, um alles nochmals zu durchdenken.

Rouffignac ist die Höhle der Mammuts. Mit (bisher) 158 Tieren gibt es ein Drittel mehr Mammutbilder als in Gönnersdorf, wo wir (bisher) etwa 100 Darstellungen dieses Tieres entziffert haben, von denen allerdings oft nur Teile erhalten sind. Doch welch ein Unterschied zwischen den Mammuts von Rouffignac und Gönnersdorf! In Rouffignac beschreiben Sie ein Grundmodell »Mammut«, das dann mit verschiedenen Details versehen und »individualisiert« wurde. In Gönnersdorf dagegen ist jedes Tier anders gezeichnet. Man erkennt erwachsene Tiere und Jungtiere in unterschiedlichen Bewegungen, und die Gemeinsamkeit aller Gönnersdorfer Bilder ist eine detailgetreue Wiedergabe des tatsächlichen Tieres.

Die Gönnersdorfer Gravierungen sind jünger als die Bilder von Rouffignac. Deshalb möchte ich Ihnen widersprechen, wenn Sie in Ihren Mammutbildern »Ideogramme« auf dem Weg zur Schrift sehen. Die Mammuts und auch die anderen in Rouffignac dargestellten Tiere gehören wie die Bilder von Font-de-Gaume und Bernifal zum »schönen Stil« mit gleichartig gezeichneten Tieren. Sie selbst weisen auf die Zusammengehörigkeit dieser Bilderhöhlen in der Dordogne hin, die auch durch die hier wie dort fast identischen tectiformen (dachförmigen) Zeichen unterstrichen wird. Darauf folgt jedoch noch eine Phase mit sehr lebendigen und detailreichen Tierdarstellungen, zu denen ich in Ihrem Gebiet die Mammuts von Les Combarelles rechnen möchte, die trotz des einen tectiformen Zeichens in dieser Höhle anders und wohl jünger als Rouffignac sind. Vor allem gehört aber die großartige Darstellung eines sich nach vorn stemmenden Mammutbullen von La Madeleine zu diesen letzten Bildern des Mammuts in West- und Mitteleuropa.

So haben wir auch unseren Disput. Es ist allerdings der einzige Punkt, in dem ich Ihre Meinung nicht teile.

Wie gesagt, ich beglückwünsche Sie zu diesem schönen Buch. Es ist nicht einfach die Beschreibung einer weiteren Bilderhöhle, sondern ein wichtiger Beitrag zum Verständnis der altsteinzeitlichen Kunst.

Saint Antonin, Ostern 1999 *Gerhard Bosinski*

Vorwort

Ich war vier Jahre alt, als die Höhle von Miremont (die heute Rouffignac heißt) mit einem Paukenschlag ihren Einzug in die Geschichte hielt. Von meinem fünften Lebensjahr an folgte ich meinen Eltern auf ihren endlosen Erkundungsgängen, die sie in Begleitung von Louis-René Nougier, Romain Robert sowie französischen und ausländischen Fachleuten in der Höhle unternahmen. Weit davon entfernt, sich durch meine Anwesenheit gestört zu fühlen, erwiesen sie sich als äußerst rücksichtsvoll und schenkten mir ihre Aufmerksamkeit. Sie geizten nicht mit Erklärungen für den kleinen Spion, der sich zwischen sie geschlichen hatte und den wissenschaftlichen Debatten lauschte, ohne freilich ein Wort davon zu verstehen.

In den sechziger Jahren besuchte ich die Höhle zusammen mit Claude Barrière, der mir, um mich zu beschäftigen, die Aufgabe anvertraut hatte, das Erdreich in irgendeinem Winkel der Grabungsfläche abzutragen. So geschah es, daß ich eines Tages mit meinem Kratzer gegen eine glatte, verhältnismäßig harte Oberfläche stieß, die ich daraufhin mit dem Pinsel zu säubern begann. Claude Barrière, der durch meine stille, hingebungsvolle Arbeit aufmerksam geworden war, beugte sich zu mir herüber und wurde Zeuge, wie ich soeben einen der Menschenschädel im Eingangsportal von Rouffignac freilegte. Nach und nach hatte mich die Höhle in Beschlag genommen, bis ich gewissermaßen ihr Gefangener wurde. Sie hatte mich gelockt, betört und schließlich verhext.

Als Jugendlicher stattete ich der Höhle in jedem Sommer gemeinsam mit Gerhard Bosinski, Henri Delporte, Louis-René Nougier und vielen anderen Wissenschaftlern, die von ihren Studenten begleitet und von meinem Vater geführt wurden, lange nächtliche Besuche ab. Ihre Art und Weise, die Höhle zu betrachten, ihre Fragen und Bemerkungen lehrten mich, Rouffignac zu begreifen, und lösten in mir den Wunsch aus, mehr darüber zu wissen. So fand ich mich an einem Oktobertag des Jahres 1975 in Bordeaux wieder, und zwar in einem Seminarraum für praktische Übungen im *Institut du Quaternaire* (Institut zur Erforschung des Quartärs), das von François Bordes geleitet wurde. Im Verlaufe dieses leider viel zu kurzen Aufenthalts in Bordeaux lernte ich Jean-Marc Bouvier kennen.

In den vielen Stunden, die ich mit ihm zusammen in der Höhle verbracht habe, wurde er für mich eine Art Pate, unter dessen Obhut ich – manchmal unter der Führung von Jean Clottes – die prähistorische Kunst der Ariège, Kantabriens und der spanischen Levante entdeckte. Diese Unternehmungen ließen Rouffignac in einem neuen Licht erscheinen, und ich lernte, die Kunstwerke wie die Striche, aus denen sie sich zusammensetzen, zunehmend kritisch zu betrachten.

Die folgenden Seiten enthalten keine gelehrte Abhandlung über die prähistorische Kunst. Die Darstellungen von Rouffignac sind vielmehr so wiedergegeben, wie sie heute einer sehen kann, der schon immer dort gelebt hat. Das Buch ist all jenen gewidmet, die dazu beigetragen haben, daß ich diese außergewöhnliche Stätte besser verstehen lernte. Ihnen ist es zu verdanken, daß Rouffignac ein Teil meiner selbst geworden ist.

1. Pferdekopf auf einer Feuersteinknolle (Höhe: 0,25 m).

EINLEITUNG

»He, Toto! Schau dir das mal an!«

Dieser Ruf stammte von Romain Robert, einem Amateurforscher, der sich leidenschaftlich für die Urgeschichte interessierte, und er galt seinem Freund Louis-René Nougier, Lehrstuhlinhaber für Urgeschichte an der Universität von Toulouse. Es war der 26. Juni 1956, und Robert hatte gerade die Gravierung der zwei ersten Mammuts auf einer Wand der Höhle *Cro de Granville* entdeckt, die damit in die Welt der Archäologie eintrat. Mit von der Partie waren außerdem Charles und Louis Plassard, die Eigentümer der Höhle. Alle vier wußten noch nicht, daß sie auf eine der berühmtesten Stätten prähistorischer Kunst im frankokantabrischen Raum gestoßen waren. Sie hatten auch keine Ahnung, daß ihr Fund ein gewaltiges Unwetter im Universum der Höhlenforschung auslösen würde.

Die öffentliche Bekanntgabe dieser Entdeckung hätte denn auch kaum explosiver ausfallen können. Alles schien darauf hinzudeuten, daß unsere Forscher einem geschickten Fälscher auf den Leim gegangen waren. Die Höhle war seit undenklichen Zeiten jedermann bekannt, und es war äußerst unwahrscheinlich, daß Dutzende von Mammuts, Nashörnern, Wisenten, Pferden oder Steinböcken bis dahin unbemerkt geblieben waren. Zu sichtbar! Zu gut ausgeführt! Zu gut erhalten! riefen die einen. Patiniert! Kalzitüberzug! Einheitlicher Stil! erscholl es von der anderen Seite. Ein Grollen war zu vernehmen, und ein Krieg kündigte sich an: *La Guerre des Mammouths* (Der Krieg der Mammuts).

Die Kämpfe tobten mit seltener Heftigkeit. Prähistoriker, Speläologen, Journalisten und einfach nur Neugierige aus aller Herren Länder kamen angereist, um zu entdecken, zu beobachten, Argumente vorzubringen und Kommentare abzugeben. Jedes der verfeindeten Lager bediente sich der Presse als Hieb- und Stichwaffe. Die Welt der Urgeschichte war in ihren Grundfesten erschüttert.

Alle Zutaten für eine hitzige Polemik waren ja beisammen: ein weit geöffneter Höhlenschlund, der schon immer problemlos zugänglich war; wiederholte Besuche von Ortsansässigen aus der Umgebung; die Unmenge von Kritzeleien und Inschriften aus historischer Zeit; die zahlreichen Erkundungsgänge von Höhlenforschern sowie die Nachbarschaft weiterer herausragender Stätten mit prähistorischer Kunst, etwa in Les Eyzies de Tayac und in Montignac. Nachdem die Auseinandersetzungen im Sommer 1956 in aller Schärfe ausgebrochen waren, beruhigten sich zum Glück die Gemüter wieder, und eine bedächtige, gründliche Forschungsarbeit konnte beginnen.

Die Höhle von Rouffignac, die einstmals Cro de Granville geheißen hatte, bot in der Tat ein weites Feld für Forschungen. Will man alle Bereiche, die nun der wissenschaftlichen Würdigung harrten, genauer umreißen, dann scheinen die Begriffe »Vielfalt« und »Verschiedenartigkeit« am besten dafür geeignet zu sein. Jetzt, nach über vierzig Jahren, gleicht der angehäufte Wissensschatz einem Amalgam, das sich aus den unterschiedlichsten Bestandteilen zusammensetzt. Wir können nicht auf den aktuellen

2. Blick vom westlichen Ende der Eingangsgalerie.

3. Endverzweigung einer Galerie in der oberen Höhlenetage.

Kenntnisstand über diese Höhle zu sprechen kommen, ohne jeden dieser Bereiche einen nach dem anderen anzugehen.

Rouffignac besitzt nicht nur eine Vorgeschichte, sondern ebenso eine geschriebene Geschichte. Also müssen wir versuchen, Schritt für Schritt in die Vergangenheit hinabzusteigen, das Buch der Geschichte von hinten aufzublättern, bevor wir bei der Frühgeschichte anlangen, um schließlich – aber erst dann – in der Zeit der altsteinzeitlichen Künstler, dem Magdalénien, anzukommen. Bei unserer Zeitreise durch diese dreizehn Jahrtausende werden wir wahrscheinlich hier und da auf Abwege gelangen, Umwege einschlagen, und wir werden die Höhle und ihre Darstellungen mit unseren eigenen Augen betrachten. Bei alledem dürfen wir jedoch nicht vergessen, daß Rouffignac wie alle anderen Höhlen zunächst einmal ein naturgeschichtliches Phänomen war und ist, bevor sie als archäologische Stätte herausragende Bedeutung erlangte, und daß sie gerade in dieser Hinsicht ebenfalls unser Interesse verdient. Ihre Topographie und ganz spezifische Ausgestaltung haben das Verhalten all jener bestimmt, die in sie vordrangen, und sie beeinflussen bis heute die Art und Weise, wie wir uns in ihr fortbewegen. Wir müssen also die Höhle von Rouffignac in ihren natürlichen Rahmen einfügen und versuchen, ihre geologische Geschichte zu rekonstruieren.

Die Höhle und ihre natürliche Umgebung

Das Légal-Plateau

Das Gemeindegebiet von Rouffignac liegt auf halber Strecke zwischen Périgueux und Sarlat. Es besteht aus einer Reihe kleiner Plateaus, die eine Hügelkette bilden und das im Norden und Westen gelegene Becken der Isle vom Tal der Vézère im Süden und Osten trennen (Abb. 4). Diese beiden Zuflüsse der Dordogne verlaufen bei Périgueux und Les Eyzies in einer Höhe von ungefähr 75 Metern über dem Meeresspiegel, während die Plateaus von Rouffignac eine Höhe zwischen 260 und 300 Meter erreichen.

Fünf Kilometer südlich des kleinen Marktfleckens erhebt sich das Légal-Plateau, das im Westen vom Tal der Malestrie und im Osten vom Tal der Binche begrenzt wird. Wie die meisten Bergkuppen in dieser Gegend ist das Légal-Plateau mit einer Schicht eisenhaltiger Tone (Toneisenstein) bedeckt. Diese Tonpakete, die sich über das Gebiet verteilen, entstanden beim Verwittern des Zentralmassivs, nachdem dieses durch die Auffaltung der Alpen emporgehoben worden war. Die Tonschichten bilden einen sauren Boden, auf dem Wälder von Eßkastanien (Maronen) besonders gut gedeihen. Da sich die Tone wie ein Panzer über das Gebiet legen und der Pflanzenbewuchs zudem sehr dicht ist, treten die darunterliegenden Sedimente nirgendwo zutage. Erdarbeiten am Rande des Plateaus sowie die eingehende Untersuchung der Galerien in der Höhle von Rouffignac lieferten indessen einige Hinweise auf die geologische Entstehungsgeschichte der Region. Eichenwälder, die an den Hängen der Plateaus wachsen, deuten hingegen auf Kalkgestein hin. Da es hier und da zum Vorschein kommt, läßt sich seine Zusammensetzung genau bestimmen.

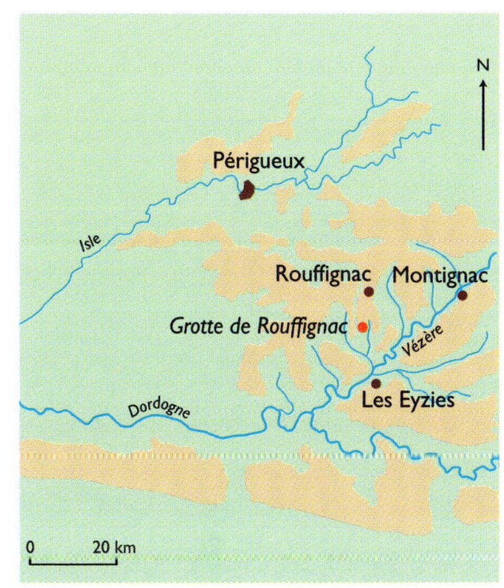

4. Schematischer Lageplan von Rouffignac.

Wir können zwei übereinanderliegende Kalkschichten unterscheiden: Unmittelbar unter dem Tonbelag befindet sich eine Kalkstrate aus dem Campanium, die ihrerseits auf einer Kalkschicht aus dem Santonium ruht. Das Campanium ist einer der letzten drei geologischen Abschnitte aus der Oberen Kreidezeit. Es fällt hier in den Zeitraum vor 75 Millionen Jahren und hat sich in Gestalt einer mergeligen Ablagerung ausgebildet, die zahlreiche kleine tonhaltige Einschlüsse in dunkelgrüner bis grünlich-schwarzer Farbe enthält – die Glaukonite. In den mit Darstellungen versehenen Gängen der Höhle finden sich eindeutige Hinweise auf dieses Mineral, denn es verleiht der Höhlenwand eine marmorne Tönung. Diese Kreideformation besteht aus Schichten von oft geringer Mächtigkeit, die aber gut voneinander zu unterscheiden sind. Feuersteinknollen kommen hier recht häufig vor; sie erstrecken sich entweder in Bänken innerhalb einer Strate oder verteilen sich über die gesamte Schichtenabfolge.

Das Kalksediment aus dem Santonium ist älter; es entstand vor ungefähr 80 Millionen Jahren und ist in der Höhle selbst nicht zu beobachten, da nur die tiefsten Hangbereiche aus dieser Schicht gebildet werden. Das Sediment, in dem sich das Höhlensystem mit seinen Verzweigungen erstreckt, ist demnach jung; es stammt aus den letzten kreidezeitlichen Ablagerungsphasen in der Region. Das Maastrichtium, der letzte Abschnitt der Oberen Kreide, der eigentlich auf das Campanium folgen müßte, fehlt hingegen. Entweder ist diese Schicht sehr bald nach ihrer Entstehung durch Erosion abgetragen worden, oder sie wurde überhaupt nicht gebildet, weil das entsprechende Gebiet gegen Ende der Kreidezeit bereits trockenlag – die Meeresufer aus dieser Erdepoche verlaufen ganz in der Nähe. Daraus folgt, daß das Kalksteinmassiv, in dem sich unsere Höhle befindet, zwischen 70 und 80 Millionen Jahre alt ist. Der heutige Périgord lag seinerzeit im Küstenbereich des Meeres; der Kalk lagerte sich im flachen, manchmal sogar seichten Wasser ab. Aus diesem Umstand ist wahrscheinlich die mergelige Konsistenz des Sediments zu erklären, die aus angeschwemmtem Material vom Festland herrührt; auch die zahlreichen Feuersteinknollen, die den Höhlengalerien ein besonderes Gepräge geben, könnten hierauf zurückzuführen sein. Im übrigen scheint das Felsmassiv kaum vertikale Zerklüftungen (Diaklasen) oder andere senkrecht verlaufende Fugen und Spalten aufzuweisen, die bei der Entstehung von Höhlen und Schächten durch die Erosionstätigkeit des Wassers ansonsten eine so grundlegende Rolle spielen. Durch das nur vereinzelte Vorkommen solcher Strukturen und auch weil die

5. Plan der oberen Höhlenetage. Erstellt von Jean Plassard nach Unterlagen von E.-A. Martel und des Speläo-Klubs von Périgueux.

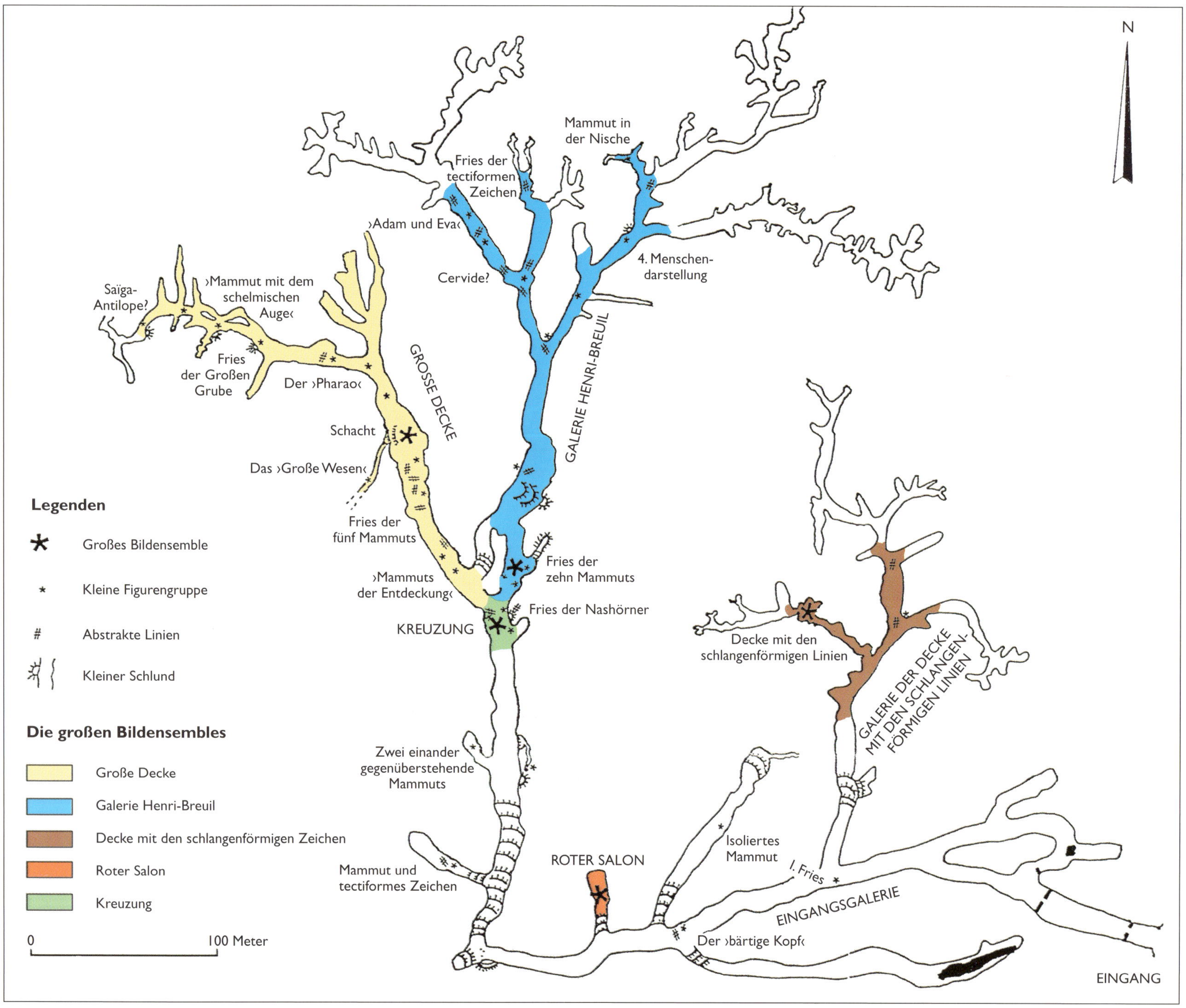

Oberfläche mit einer kräftigen Tonschicht und dichtem Pflanzenbewuchs bedeckt ist, ist die geologische Geschichte der Höhlenausbildung nur sehr schwierig nachzuvollziehen.

6. Der Höhleneingang nach der Herrichtung im Jahre 1959.

Der unterirdische Höhlenverlauf

Rouffignac ist eines der weitläufigsten unterirdischen Höhlensysteme im Périgord; seine bislang bekannten Galerien erstrecken sich auf einer Länge von acht Kilometern. Sein Grundriß erinnert an einen Baum, von dem nur die dicksten Äste abzweigen (Abb. 5). Diese Schematisierung ist freilich problematisch, denn dahinter verbirgt sich ein komplexer Aufbau, eine verschlungene Architektur aus Gängen, die in unterschiedlichen Höhen verlaufen und in drei Etagen übereinander angeordnet sind.

Es ist in der Speläologie nichts Außergewöhnliches, wenn eine Höhle mehrere »Stockwerke« aufweist. Die oberen Höhlenabschnitte gehen auf alte Erosionszyklen zurück, während die tiefste Etage oft aus Galerien besteht, in denen das Wasser immer noch tätig ist. Rouffignac zeichnet sich nun durch die Besonderheit aus, daß sich die tiefer gelegenen Abteilungen nicht direkt unter der oberen Etage befinden, sondern vielmehr ein eigenes unterirdisches System bilden, dessen Verlauf an manchen Stellen mit dem oberen Niveau übereinstimmt. Die höhere Etage liegt rund 20 Meter über dem Bach, der auch heute noch die tieferen Galerien durchläuft. Diese sind sehr schmal, oft weniger als einen Meter breit, aber sehr hoch (Abb. 11); der Bach bahnt sich seinen Weg in einer Reihe von engen, tief eingeschnittenen Windungen und Schlingen. Es ist äußerst mühsam und gefährlich, sie zu begehen, und so verwundert es nicht, daß die paläolithischen Menschen hier nur kurze Ausflüge unternommen und kaum Zeugnisse von ihren Aufenthalten hinterlassen haben.

Anders verhält es sich hingegen mit dem oberen Stockwerk, das heute keinen solchen Veränderungen mehr unterworfen, »fossil« geworden ist. Es öffnet sich am Osthang des Plateaus ins Freie, und dies ist der einzige Zugang zur Höhle (Abb. 6). Die Weitläufigkeit der Gänge, die Beschaffenheit der Böden, die außergewöhnlichen, von der Erosion geschaffenen Formen, ja die gesamte Anordnung der Galerien – all das trägt dazu bei, daß man mit Fug und Recht von einem Bauwerk der Natur sprechen kann. Vom Höhleneingang an durchläuft ein 7 bis 8 Meter breiter, 8 bis 13 Meter hoher Gang in etlichen Windungen von Südosten nach Nordwesten nahezu das gesamte Plateau. Die Feuersteinknollen, die zum Teil noch von einer Tonschicht umgeben sind – Zeugnis einer einstmaligen Verfüllung der Galerie –, bedecken hier die Höhlenwände vom Boden bis zur Decke. Die Wände steigen in mehreren Stufen terrassenförmig an, während sich an der Höhlendecke immer wieder gewaltige Kuppeln wölben (Abb. 2). Von dieser Hauptgalerie zweigen auf ihrer gesamten Länge fortwährend Nebengänge ab. Anfangs weisen sie allesamt ein starkes Gefälle auf, das aber schnell abnimmt und nach einigen Metern in einen waagerechten Verlauf übergeht. Sie sind ungefähr zehn Meter breit; manche setzen sich über weite Entfernungen fort, während andere als kurze Sackgassen enden. Die niedrigen, sehr großen Decken besitzen eine glatte, ebenmäßige Oberfläche. In ihren Endbereichen verästeln sich die Gänge mehrmals weiter, bis sie schließlich in einer Art Büschel von schmalen Gängen auslaufen, in denen kein Fortkommen mehr möglich ist (Abb. 3). Auch hier gibt es immer noch Feuersteinknollen, allerdings bilden sie nun leicht schräg ausgerichtete Bänke, welche die vollkommen glatte Wand in lange Streifen unterteilen. Diese Oberflächen, die sich zur Anbringung von Darstellungen eignen, sind hier so zahlreich, daß die Entscheidung der prähistorischen Künstler, an diesen Stellen ihre Werke zu plazieren, wenigstens zum Teil erklärbar wird.

Die Entstehung und Entwicklung der Höhle[1]

Eine gängige Annahme lautet, die Höhlen und Schächte seien mit einem Mal als etwas fertig Ausgebildetes dagewesen, fortan dazu bestimmt, ein ewiges Dasein in dauerhafter Beständigkeit zu führen. Davon kann freilich keine Rede sein. Eine Höhle entsteht nach und nach, sie entwickelt sich und hat ein eigenständiges Leben. Maßgebliche Ursachen bewirken, daß sie schließlich endgültig verschwindet: sie wird verfüllt, ihre Wände und Decken stürzen ein, vielleicht wird ihre natürliche Umgebung zerstört. Die Höhle von Rouffignac bildet keine Ausnahme von dieser Regel. Ihr Zustand, wie wir ihn jetzt kennen, ist folglich etwas Vorläufiges, Vergängliches – das Ergebnis geologischer Vorgänge, die im Verlauf der letzten 65 Millionen Jahre stattgefunden haben.

Zu Beginn des Tertiärs hatte sich das Meer zurückgezogen, und seitdem verrichteten die Niederschläge ihre Erosionstätigkeit an dem frisch abgelagerten Kalk. Ganz allmählich, je nach Beschaffenheit und Nachgiebigkeit des Karstmassivs, drang das Wasser ins Gestein. Aufgrund eines leichten Gefälles in südwestliche Richtung bildete sich ein System von Gängen heraus, die in einem Punkt zusammenliefen. Wahrscheinlich dauerte diese Phase sehr lange und ging nur in kleinen Schritten vor sich. Die Gänge waren in diesem geologischen Abschnitt vollständig mit Wasser aufgefüllt, das im wesentlichen eine chemische Wirkung ausübte, indem es die karbonathaltigen Bestandteile des Felsens auflöste. Da es keine nennenswerte Wasserzirkulation gab, wurden die freigesetzten unlöslichen Partikel nicht fortgeschwemmt, sondern lagerten sich sofort auf dem Grund der Gänge ab. Aushöhlung und Auffüllung geschahen also gleichzeitig, und dies führte dazu, daß der Gang langsam nach oben »wanderte«. Gegen Ende dieser ersten Phase waren die Hauptachsen und die heutige Gestalt des oberen Höhlenstockwerks zu ihrem Abschluß gelangt. Gleichwohl ist es wahrscheinlich, daß die Galerie, deren eines Ende jetzt den Höhleneingang bildet, sich seinerzeit über eine längere Distanz erstreckte, und zwar nach Osten wie nach Westen, da die Täler der Binche und der Malestrie noch nicht in ihrer gegenwärtigen Form existierten.

Genau in dieser Zeit entstand jedoch die dicke Schicht aus eisenhaltigem Ton, die das gesamte Gebiet bedeckte, die marinen Sedimente nach und nach unter sich begrub und die weitere Aushöhlung des Höhlensystems zum Halten brachte. Dabei hätte es bleiben können, wenn nicht die Gebirgsbildung (Orogenese) eingesetzt hätte, das heißt die Pyrenäen entstanden wären, die das Gesicht der Landschaft von Grund auf veränderte. Die Ausformung dieser Gebirgskette hatte in unserer Region zur Folge, daß das Karstmassiv von Südosten nach Nordwesten kippte, die Entwässerung nun also in die entgegengesetzte Richtung verlief. Die erste Auswirkung dieser Vorgänge bestand mit Sicherheit darin, daß diejenigen Kanäle, durch die das Wasser einst in den Felsen gedrungen war – also die verzweigten kleinen Galerien im Norden – verstopft wurden; als zweites verrichtete die Erosion ihre Arbeit nun in die umgekehrte Richtung, von Südosten nach Nordwesten. In dem Maße, wie der Prozeß der Aushöhlung und Auffüllung langsam wieder einsetzte, nahm das Gewässernetz seine heutige Gestalt an. Gegen Ende des Tertiärs hatten sich die Täler der Binche und der Malestrie tief in das Légal-Plateau eingegraben und dabei eben jene Galerie angeschnitten, deren weitere Entwicklung sie somit unterbanden. Seitdem findet in der oberen Höhlenetage keine Erosionstätigkeit mehr statt; ein Großteil der Galerien blieb zu jener Zeit jedoch mit Lehm verfüllt.

Während des Quartärs waren die Talsohlen infolge der ersten Vergletscherungen drastisch gesunken. Das Sickerwasser drang nun durch tiefe Verwerfungen weiter vor und schuf in steter Erosion die unteren Abteilungen des Höhlensystems. Hin und wieder gab es eine Verbindung zwischen diesen neu entstandenen Galerien und der oberen Etage, so daß die Lehmverfüllung weitgehend abgetragen werden konnte. Erst dann – das heißt vor einigen hunderttausend, höchstens aber einer Million Jahren – sah die Höhle so aus, wie wir sie heute kennen. Der von Südosten nach Nordwesten ausgerichtete Gang, in dem das Wasser länger tätig war, wurde zu jener hohen Galerie, wie sie sich uns jetzt präsentiert; ihr nordwestliches Ende wurde allmählich von den Tonmassen verschüttet, die über den Hang des Plateaus herabgerutscht waren (Abb. 2). Aus den verzweigten Gängen, die ursprünglich auf einen gemeinsamen Punkt zuliefen, hatte sich das jetzige Höhlensystem aus Galerien und Sackgassen mit mehr breitem als hohem Profil gebildet.

Einige Jahrtausende bevor die paläolithischen Künstler die Höhle betraten, hatten sich lediglich einige schlecht im Gleichgewicht befindliche Felspartien von der Decke gelöst und waren herabgefallen. Sie verliehen bestimmten Bereichen von Rouffignac das chaotische Aussehen.

Die lange Geschichte einer Höhle

Die Hinterlassenschaften der Tiere

Wie groß die unterirdische Welt auch immer sein mag – sie ist der bevorzugte Zufluchtsort der Tiere. Von den harmlosesten Lebewesen bis zu den gefährlichsten Räubern richten sich alle ihre Schlupflöcher und Quartiere in den verborgenen Winkeln der Höhlengalerien ein, um sich gegen Feinde zu schützen, Junge zu werfen oder manchmal auch zu überwintern. Viele ihrer Spuren nimmt der Laie nicht wahr, entweder weil sie zu unauffällig sind oder weil ihre zuverlässige Bestimmung die Kompetenz eines Fachmanns, ja sogar Grabungen und Laboranalysen erfordert.

Die weitläufigen Galerien von Rouffignac gestatteten es natürlich den großen Raubtieren, weit ins Erdinnere vorzudringen. Man braucht nur ein paar Schritte in die Höhle zu unternehmen, und schon stößt

7. Bärenkuhlen.

8. Wandpartie mit Kratzspuren von Bären.

man allenthalben auf die unzähligen Spuren, die ihre Krallen auf den Böden und an den Wänden hinterlassen haben (Abb. 8). Die Spuren auf dem Boden sind um so bedeutender, als der nachgiebige Lehm die Abdrücke besonders gut festhält und konserviert.

Lange Zeit hat man nur die Kuhlen oder Nester bemerkt, die die Bären in den Boden gegraben haben (Abb. 7). Sie sind, wie man gleich hinzufügen muß, allerdings so zahlreich, daß bestimmte Höhlenbereiche einer richtigen Kraterlandschaft gleichen, wobei jede Mulde einen Durchmesser von ungefähr zwei Metern besitzt und bisweilen fast einen Meter tief ist. Die Analyse des Lehms an diesen Stellen hat im übrigen ergeben, daß er überdurchschnittlich viele Phosphate enthält – Zerfallsprodukte von den Haaren, Exkrementen und Skeletten dieser Sohlengänger[1].

Überraschender sind hingegen die Fährten von Huftieren, die sich tief in die Finsternis vorgewagt hatten. Entsprechende Belege kennt man jedoch aus mehreren Höhlen. Im Jahre 1956 fand man einige solcher Spuren in Rouffignac, die der Beschreibung nach von einem Steinbock stammten[2] und leider zerstört worden sind. Man entdeckte sie in einer Kluft, die unten im Schacht im Saal der Großen Decke ihren Ausgang nimmt. Während des Jungpaläolithikums hat es Steinböcke im Périgord gegeben, und ihre Darstellungen finden sich auch auf den Wänden der Höhle. Es spräche also nichts gegen die Annahme, daß diese Tiere einst tatsächlich durch die Höhle streiften, aber dies ist eine Vermutung, keineswegs ein Beweis. In jüngerer Zeit hat Louis Plassard bei einem Erkundungsgang im Bach der untersten Etage erneut eine Reihe von Tierfährten entdeckt, aber wiederum erwies es sich als unmöglich, sie einer bestimmten Art zuzuordnen. Die Spuren ähneln zwar dem Hufabdruck eines ziegenartigen Tieres (Capriden), aber Näheres läßt sich nicht sagen. Ferner gilt es zu bedenken, daß man das Alter dieser Abdrücke nicht bestimmen kann. So bleibt uns nur das Eingeständnis, daß wir nicht erklären können, wie und zu welcher Zeit diese Spuren an einen so entlegenen Ort gelangten.

Die nachpaläolithischen Siedlungsreste

In den dreißiger Jahren war der Höhleneingang mit Erdreich und Astwerk verstopft. Der Eigentümer beschloß daher, einen Teil des von Niederschlägen angeschwemmten Materials wegzuräumen, um den Zugang zur Höhle zu erleichtern. Dabei stieß er auf Tonscherben und einige Feuersteingeräte, die seine Aufmerksamkeit erregten. Diese Gegenstände zeigten an, daß das Höhlenportal von Rouffignac in vor- und frühhistorischer Zeit als Wohnstätte gedient hatte. Unglücklicherweise wurde bei den Aufräumarbeiten ein Teil des Fundvorkommens zerstört, aber dennoch gelang es Claude Barrière, in einer großen Grabungskampagne von 1957 bis 1962 eine Fundschichtfolge freizulegen, die heute noch zu sehen ist. Es konnten sieben Zeitabschnitte nachgewiesen werden, in denen die Menschen diesen Ort aufgesucht hatten, und zwar vom Mittelalter bis zum Sauveterrien vor ungefähr 9000 Jahren*. Drei dieser Siedlungsepochen sind dabei von besonderem Interesse, vor allem die Fundschichten aus der Eisenzeit. In dieser Periode, rund siebenhundert Jahre vor Beginn unserer Zeitrechnung, war der Eingangsbereich von Rouffignac Schauplatz von Brandbestattungen, während die ersten 500 Meter der Höhlengalerien als Begräbnisstätte dienten, wo man den Leichenbrand zusammen mit Grabbeigaben niederlegte. Noch früher, vielleicht in der Kupferzeit (Chalkolithikum) vor etwa 4000 Jahren, bestattete man die Toten bereits im Eingangsbereich, wie die zehn bei Grabungen zutage geförderten Menschenschädel belegen.

Ohne Zweifel waren es jedoch die Menschen des Mesolithikums, die das Höhlenportal von Rouffignac am längsten besiedelten. Die Fundschichten aus dem Tardenoisien** und dem Sauveterrien, deren Alter – 4400 bis 7200 Jahre vor unserer Zeit – mittels Radiokarbondatierung bestimmt werden konnte, nehmen die wichtigste Stellung in der Schichtenfolge ein. An der Schwelle zu einer neuen Epoche ließen diese Menschen in Rouffignac ein umfangreiches mikrolithisches Geräteinventar zurück – die letzten Zeugnisse aus der sich ihrem Ende zuneigenden Zeit der Jäger und Sammler –, aber auch bestimmte Werkzeuge, deren

* Sauveterrien: Kulturgruppe des Mesolithikums, benannt nach dem Fundort Sauveterre-la-Lémance im Département Lot-et-Garonne.

** Nach dem Fundort La Fère-en-Tardenois benannte mittelsteinzeitliche Formengruppe; kleine, oft geometrische Steingeräte, die ursprünglich als Einsätze in Holz- und Knochenschäften saßen.

Patina auf das Schneiden von Gräsern schließen läßt. Hier öffnet sich der Blick auf eine Welt, in der neue, für die Ernährung der Menschen wichtige Pflanzenarten auftauchen. Ein Teil dieser Geräte wurde aus einem Feuerstein gefertigt, der aus der Höhle stammt; manche Werkstätten zur Steinbearbeitung, die sich in den tiefsten Bereichen der Höhlengalerien befinden, können im übrigen diesen Steinartefakten zugeordnet werden, nie aber eine graphische Darstellung. Die Wandkunst von Rouffignac, die bald im Mittelpunkt unserer Aufmerksamkeit stehen wird, ist also wirklich ausnahmslos das Werk der eiszeitlichen Jäger.

Vom *Cro du Cluzeau* zu Rouffignac – vier Jahrhunderte neuzeitlicher Geschichte

Die Höhle von Rouffignac, die heute ausschließlich wegen ihrer prähistorischen Kunstwerke Berühmtheit erlangt hat, besitzt indessen auch eine neuere Geschichte, vielleicht sogar eine der reichhaltigsten unter allen Grotten. Die Siedlungsspuren im Eingangsbereich zeugen als erstes davon: In der Decke des Höhlenportals ist eine Aufhängevorrichtung angebracht, an der einstmals eine Tür befestigt war; einige Meter weiter hatte man Löcher für Balken in die Wände geschlagen. Der Eingang war also einmal bewohnt. Wo das Tageslicht ins Höhlendunkel übergeht, haben sich zwei Mauern erhalten. Alles spricht dafür, daß man sie während der Religionskriege, den Hugenottenverfolgungen, errichtet hat; im übrigen entdeckte man hinter einer dieser Mauern einen kleinen Hortschatz mit Silbermünzen, die in dieser Zeit geprägt worden waren. Und dann gibt es noch die Familie Demoures, die bis heute im Périgord lebt; einer ihrer Vorfahren ist, wie es scheint, im 18. Jahrhundert in einer der Höhlengalerien zur Welt gekommen.

Es wäre sicher nicht einfach, all die Ereignisse aufzuzählen, die ihre Spuren bis zum heutigen Tag in der Höhle hinterlassen haben. Allein die verrußten Inschriften, die die Wände und Decken verunzieren, die paläolithischen Darstellungen beschädigen (Abb. 9) und im allgemeinen ein Datum tragen, sind so zahlreich, daß ein regelmäßiger Besuch der Höhlengänge seit dem Mittelalter außer Frage steht.

Nicht anders verhält es sich mit der literarischen Überlieferung, der wir zahlreiche Texte verdanken. Nur drei Daten seien hier besonders hervorgehoben: 1575, 1759 und 1893. In seinem Werk ›Allgemeine Kosmographie‹, das 1575 erschien (Abb. 12), beschreibt François de Belle-Forest zum ersten Mal den *Cro du Cluzeau*[3], den man auch das »Loch von Cluzeau« nannte. Der Verfasser bezog seine Informationen von François Arnault de la Borie. Seine Beschreibung der Höhle, die man im Französisch der damaligen Zeit als *grottesque* bezeichnete, läßt keinen Zweifel daran, daß man sie schon recht genau kannte. Da sie sich seinerzeit auf den Ländereien des Marquis de Miremont befand, gab man ihr manchmal auch den Namen *Cro de Miremont*. Im Verlauf der nächsten Jahrhunderte haben viele Autoren den Text von Belle-Forest als Quelle herangezogen, während andere an Ort und Stelle kamen, um sich durch eigenen Augenschein zu überzeugen oder die Eigentümer zu befragen.

9. Mit Inschriften übersätes Mammut an der Großen Decke.

10. Dasselbe Mammut nach der Entfernung der Graffiti (Länge: 1,40 m).

11. Senkrechte Kluft, Eingangspartie zum Bach in der dritten Höhlen-etage.

Im Jahre 1759 fertigte Gabriel Bouquier den ersten Plan der Höhle an, der nur in einem Exemplar überliefert ist und heute im Museum des Périgord besichtigt werden kann. Mit Hilfe dieses Plans kann man die Höhle begehen, ohne Gefahr zu laufen, sich zu verirren. Er ist aber auch insofern von besonderem Interesse, als es sich hier um ein Bildwerk handelt (Abb. 13).

1893 war das Jahr, in dem Edouard-Alfred Martel eine Topographie von Rouffignac erstellte. Er zeichnete den Umriß der Galerien in der oberen Etage und ergänzte ihn mit zahlreichen Querschnitten. Seine Abhandlung, die 1894 unter dem Titel *Les Abîmes* (Die Abgründe) erschien, enthält neben dem genauen Plan etliche Kommentare sowie einen Versuch, die Entstehung des Höhlensystems zu erklären; es ist damit das erste Dokument, das sich in wissenschaftlicher Weise mit dieser Frage auseinandersetzt. Als einige Höhlenforscher aus dem Périgord in den Jahren 1945 bis 1949 und nach ihnen Mitglieder der speläologischen Vereinigung der Charente die unteren Etagen der Höhle erkundeten, übertrugen sie ihre Zeichnungen auf eben diesen Plan, den der Begründer der Speläologie angefertigt hatte.

12. Deckblatt der Erstausgabe des Werkes von François de Belle-Forest (Stadtbibliothek von Bordeaux, Patrimonial-Fonds).

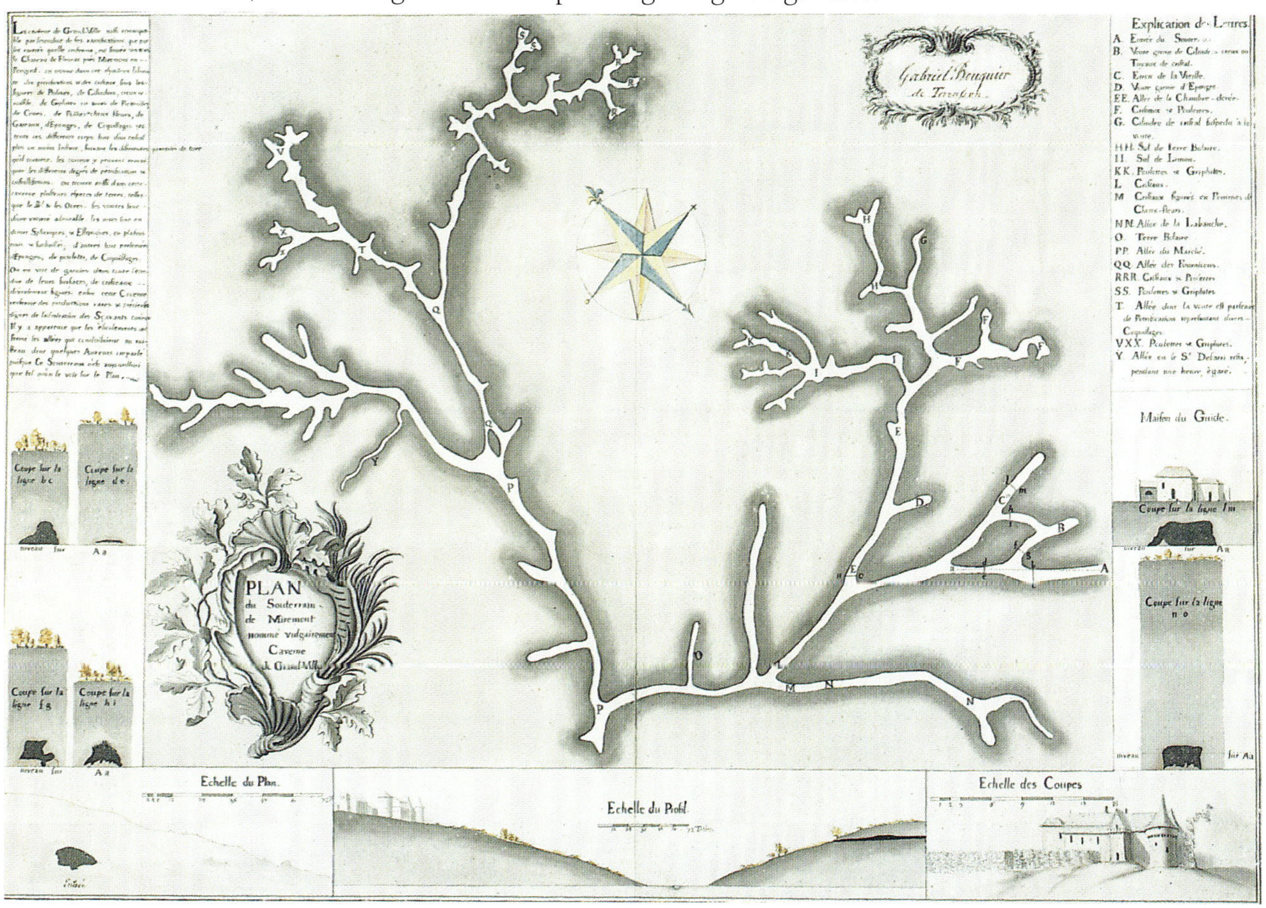

13. Der von Gabriel Bouquier im Jahre 1759 erstellte Plan (Museum des Périgord).

In der ersten Hälfte des 20. Jahrhunderts ist die Höhle keineswegs in Vergessenheit geraten, wie immer wieder behauptet wird. Im Gegenteil: Neben den Speläologen haben herausragende Vertreter der Wissenschaft dem *Cro de Granville* mehrere Besuche abgestattet. Im Jahre 1915 betraten Henri Breuil und ein befreundeter Entomologe, im Jahre 1948 André Glory zusammen mit F.-E. Koby das Labyrinth. Da sie aber auf den ersten paar hundert Metern bereits das fanden, was sie suchten – die einen Käfer, die anderen Kratzspuren von Bären –, drangen sie nicht weit genug vor, um die prähistorischen Kunstwerke sehen zu können. So mußte man also bis zum 26. Juni 1956 warten, als ein glücklicher Zufall, eine Einladung, Louis-René Nougier und Romain Robert nach Rouffignac führte. Sie beide hatten das Glück und – das sei hier deutlich ausgesprochen – das Verdienst, dieses Mammutheiligtum zu entdecken und ihm einen gebührenden Platz in der Menschheitsgeschichte zu sichern. Obwohl die Bezeichnung *Cro de Granville* bis dahin allgemein üblich war, hat man die Höhle anläßlich dieser Sensation in »Rouffignac« umbenannt, da sich ihre gesamten unterirdischen Verzweigungen auf dem Gebiet dieser Gemeinde befinden. Und als Rouffignac ist sie heute jedermann ein Begriff.

LA GUERRE DES MAMMOUTHS

(Der Krieg der Mammuts)

Eine brisante Enthüllung

Wie bei anderen Bilderhöhlen – etwa Altamira im Jahre 1879 oder in jüngerer Zeit der Grotte Cosquer, deren Eingang unter dem Meeresspiegel liegt – verlief die öffentliche Bekanntgabe der Entdeckung paläolithischer Kunstwerke auch im Falle von Rouffignac äußerst turbulent. Seit damals – man schrieb das Jahr 1956 – ist nun genügend Zeit vergangen, um in aller Unvoreingenommenheit die nüchterne Arbeit des Historikers zu verrichten und sich an die Schilderung der Ereignisse zu begeben, die man unter dem Schlagwort »Krieg der Mammuts« zusammenfaßte.

Wie viele Menschen hatten von François de Belle-Forest bis zu Romain Robert und Louis-René Nougier einige der Figuren gesehen? Niemand wußte es zu sagen, denn die Darstellungen waren so deutlich gehalten und gut erkennbar angebracht, daß sie im Lauf der Jahrhunderte von verschiedenen Leuten immer wieder bemerkt worden sein konnten. Man sollte indessen bedenken, wie weit der Weg von der bloßen Wahrnehmung eines Gegenstands bis zu seiner bewußten Würdigung als Objekt des Erkenntnisinteresses ist. Auch in dieser Hinsicht gebührt Romain Robert und Louis-René Nougier der Rang als Erstentdecker, denn sie haben von Anfang an, seit dem 26. Juni 1956, das mutmaßlich hohe Alter der Darstellungen von Rouffignac erkannt.

Ihre erste Entscheidung bestand darin, »den Abbé« um Rat anzugehen: Henri Breuil, die unbestrittene Autorität auf dem Gebiet der paläolithischen Kunst. Man mußte das Geheimnis der Entdeckung hüten, bis der hervorragende Fachmann angereist kam. Dies geschah am 17. Juli, und nach einem zwölfstündigen Aufenthalt in der Höhle war Henri Breuil außer sich vor Begeisterung und von heftigen Emotionen aufgewühlt. Er bestätigte, daß die Darstellungen echt seien, und verfaßte einen ausführlichen Bericht an das französische Kultusministerium, Abteilung Architektur[1].

Nun war der Augenblick gekommen, um den Schleier des Geheimnisses zu lüften. Man hatte vereinbart, den Fund auf der Schlußsitzung des 15. Kongresses für Prähistorie in Frankreich – als dessen Generalsekretär Louis-René Nougier amtierte[2] – der Öffentlichkeit vorzustellen: am 20. Juli in Poitiers. Übrigens war der Generalsekretär für einige Tage abwesend, und das aus gutem Grund!

Man kann sich in etwa vorstellen, wie sich diese Enthüllung auf die anwesenden Prähistoriker und Journalisten auswirkte: es war *das* Medienereignis schlechthin[3]. Die Bombe war gezündet, und der »Krieg der Mammuts« rückte unerbittlich näher, denn wenn man tatsächlich paläolithische Kunstwerke in Rouffignac entdeckt hatte, so gab es bislang doch keinerlei archäologische Beweise, daß die Geschichte der Höhle so weit in die Vergangenheit zurückreichte. Man kann die Enttäuschung all jener, die die Darstellungen zuvor zwar gesehen, aber nicht als solche erkannt hatten, sehr gut nachvollziehen, ebenso die Verblüffung manch anderer, die sich einfach nicht vorstellen konnten, daß eine solche Entdeckung erst so spät

14. Das Mammut in der Nische (Länge: 0,54 m).

gelungen war. Waren nicht La Mouthe, Bernifal, Les Combarelles, Font-de-Gaume und viele andere Bilderhöhlen in Frankreich sowie im Ausland schon seit Jahrzehnten bekannt? Wie konnten rund einhundert prähistorische Figuren, die sich in einer seit eh und je gut besuchten Höhle befanden, über ein halbes Jahrhundert lang der allgemeinen Aufmerksamkeit entgehen? Wie war es zu erklären, daß alle diejenigen, die ihren Namen auf den Wänden und Decken der Höhle hinterließen, nicht das geringste bemerkt hatten?

Einwände

Nun war es an den Entdeckern, Beweise vorzulegen, denn die Proteste und Schmährufe wurden von Tag zu Tag lauter. Am heftigsten reagierten die Speläologen aus dem Périgord. Bernard Pierret und Robert de Faccio ließen ohne Umschweife über die Presse verlauten, daß es während ihrer zahlreichen Expeditionen zwischen 1945 und 1949 in Rouffignac noch keine dieser sogenannten Malereien gegeben hätte. Man kann sich das Tohuwabohu vorstellen, das daraufhin einsetzte. Nach scharfen Wortgefechten auf Pressekonferenzen und nachdem Henri Breuil die Partei der Entdecker ergriffen und sein ganzes Ansehen in die Waagschale geworfen hatte, mußten die Speläologen und Séverin Blanc, der Leiter des 7. Bezirks für prähistorische Altertümer, schließlich einräumen, daß sie tatsächlich einige Figuren gesehen hatten[4]. Wenn man mit einigem Abstand auf diese Ereignisse zurückblickt, so kann es in der Tat keinen Zweifel daran geben, daß auch sie einige Darstellungen bemerkt haben mußten. Im Jahre 1953 wurde in einem Buch mit dem Titel *Le Périgord souterrain* (Der unterirdische Périgord) sogar ein Foto veröffentlicht, auf dessen Hintergrund man drei gezeichnete Nashörner erkennen kann – der Verfasser war niemand anderer als eben Bernard Pierret. Außerdem spricht alles dafür, daß die Speläologen in Séverin Blanc nicht den Rückhalt und die sachkundige Stütze gefunden hatten, wie sie es erwarten durften. Sowohl die Höhlenforscher als auch Séverin Blanc ließen sich davon in die Irre leiten, daß die schwarzen Tierdarstellungen und die ebenfalls in Schwarz geschriebenen Inschriften neueren Datums auf denselben Wandflächen angebracht waren, und sie achteten daher nicht genügend auf die unterschiedliche Beschaffenheit der Farbpigmente[5]. So glitt ihnen die Entdeckung durch die Finger, auf die sie – durchaus berechtigt, aber zu spät – jetzt Anspruch erheben zu können glaubten. Da sie mit ihrem Anliegen scheiterten und nicht in den Kreis der Entdecker aufgenommen wurden, kann man verstehen, daß sie verbittert waren und ihr Heil in dem Nachweis suchten, daß diese Bildwerke Fälschungen seien.

Sie stellten nämlich nun die Behauptung auf, es handle sich um »... neuere Darstellungen, da einige von ihnen im vorigen Jahr noch nicht dagewesen waren...«[6]. Mit Äußerungen wie dieser zeigten sie im Grunde genommen nur eins: daß eine solche Entdeckung ein mitunter langwieriger Prozeß ist, der nach und nach, Schritt für Schritt vonstatten geht. Wie sehr dies zutrifft, zeigt sich zum Beispiel daran, daß das 158. Mammut in Rouffignac von Frédéric Plassard am 7. Februar 1998, das heißt 42 Jahre nach den beschriebenen Ereignissen, entdeckt wurde.

Drei entscheidende Begehungen

Wie schrill die Reaktionen auch ausfielen – sie hatten dennoch eher günstige Auswirkungen, denn sie pflanzten den Zweifel in die wissenschaftliche Gemeinschaft und zwangen die Prähistoriker, keinen noch so bestimmt vorgetragenen Behauptungen Glauben zu schenken, selbst wenn sie von Henri Breuil stammten. Paolo Graziosi reiste am 9. August aus Italien ab, und Martín Almagro traf am 10. September aus Spanien ein, um sich an Ort und Stelle ein eigenes Urteil zu bilden. Der spanische Wissenschaftler versicherte sogar ausdrücklich, er sei nur gekommen, um alle Anhaltspunkte zu finden, die ihn in seinem Zweifel bestätigten[7]. Nachdem sie die Höhle mehrere Stunden lang systematisch untersucht hatten, waren sie zu der Überzeugung gelangt, daß die Darstellungen tatsächlich ein hohes Alter besaßen; beide Wissenschaftler wollten dies allerdings explizit als ihre persönliche Ansicht verstanden wissen, und es sollte jedem Spezialisten vorbehalten bleiben, dieselben Schritte zu unternehmen.

Also wurde eine gemeinsame Besichtigung mit Vertretern verschiedener Fachrichtungen aus aller Herren Länder anberaumt, die am 12. September 1956 stattfand. Sämtliche Größen der prähistorischen Forschung hatten sich eingefunden, auch mehrere Journalisten waren mit dabei. Im Bemühen um größtmögliche Unvoreingenommenheit blieben die Entdecker dieser Inspektion, die unter der Leitung von Paolo Graziosi und Martín Almagro stand, fern. Im Verlauf dieser Begehung konnte sich jeder Teilnehmer denjenigen Aspekten widmen, die in sein Fachgebiet fielen: die Zoologen begutachteten die abgebildete Tierwelt und die Wiedergabe bestimmter anatomischer Details, die Kunstexperten befaßten sich mit dem Stil oder der Darstellungstechnik. Gegen Ende dieses Tages zeichneten sich zwei Tendenzen ab: Für die Mehrheit der Teilnehmer konnte es keinerlei Zweifel an der Authentizität der Kunstwerke geben, ungeachtet ihrer Einzigartigkeit in thematischer, technischer und stilistischer Hinsicht. Sie faßten ihre Ansicht in einer öffentlichen Mitteilung zusammen[8], die von Paolo Graziosi, Martín Almagro, Antonio Beltrán, Max Bégouën und vielen anderen Wissenschaftlern unterzeichnet wurde.

Es gab aber auch zurückhaltendere Stimmen. André Leroi-Gourhan und der Biologe Pierre Paul Grassé betonten beispielsweise, man habe keine Indizien feststellen können, die einem prähistorischen Alter dieser Darstellungen widersprächen. Sie äußerten den – im übrigen vollauf berechtigten – Wunsch, nun mit wissenschaftlichen Analysen zu beginnen, um die chemische Zusammensetzung des Farbpigments, die Überlagerungen, die Patina und die Veränderung der Striche näher zu untersuchen[9].

Von diesem Zeitpunkt an war wieder Ruhe eingekehrt – von ein paar letzten Aufzuckungen abgesehen –, und mit ihr die Gelassenheit, die für die Forschung unabdingbar ist. Lediglich der englische Prähistoriker Glyn Daniel[10] stellte die Echtheit der Darstellungen von Rouffignac bis zum Ende seines Lebens in Abrede. Er fand in jüngerer Zeit einen Nachfolger in seinem Landsmann Paul Bahn, der sogar die Existenz des Textes von François de Belle-Forest bestritt, obwohl dieses Dokument – eine Ironie des Schicksals oder schlichte Wissenslücke? – im Jahre 1592 sogar in die Sprache Shakespeares übertragen wurde[11]. Die Speläologen wiederum, die sich bei dieser Angelegenheit bloßgestellt hatten, haben seitdem prächtige Bilderhöhlen für die Forschung zugänglich gemacht und somit durch die Tat ihre Fähigkeiten und deren Nutzen für die Wissenschaft unter Beweis gestellt.

François de Belle-Forest

Wie bereits erwähnt, sind die *paintures*, die »Malereyen«, nicht völlig unbemerkt geblieben, denn von François Arnault de la Borie (dem Gewährsmann von Belle-Forest) im 16. Jahrhundert bis zu den Speläologen in den fünfziger Jahren unseres Jahrhunderts haben etliche Personen zumindest einige der Darstellungen bemerkt. Dies belegt beispielsweise eine Äußerung von Jeanne Plassard, der Gattin des Eigentümers: Ihr war nach zahlreichen Ausflügen ins Höhleninnere während der dreißiger Jahre an der Decke über dem Schacht etwas aufgefallen, nämlich »ein verdammt gut gestalteter Pferdekopf«. Dann folgen die aufschlußreichen Worte: »Ich frage mich, wer das gemacht haben könnte.« Wie so viele andere hatte sie also etwas gesehen. Aber eben nur gesehen!

Nahe bei Miramont, einem kleinen Städtchen im Périgord, gibt es eine Höhle, die die Ortsansässigen Cluzeau [Klause] nennen und von der alle, die sie betreten haben, gar Wunderliches berichten. Sie soll sich, wie es heißt, auf einer Länge von fünf bis sechs Meilen unter der Erde erstrecken [eine Meile = 4 km], und darin sollen sich herrliche Säle und Kammern befinden, die mit kleinen Steinen ausgekleidet sind, verschiedenfarbig wie bei einem Mosaik. Dort sieht man auch einige Altäre und Malereyen an mehreren Stellen sowie die Fährten oder Trittspuren von allerlei großen und kleinen Tieren. Diejenigen, die bis dorthin vorgedrungen sind, erzählen von mehreren Quellen und Bächen, darunter von einem, der hundert bis hundertzwanzig Fuß breit sein soll. Er fließt sehr schnell und mit großem Getöse dahin, hat sich tief in den Fels gegraben und führt so viel Wasser, daß ihn niemand zu durchqueren wagt, obwohl er noch eine große Strecke Wegs in der Höhle weiterläuft. Man betritt die Höhle ausschließlich zu mehreren und mit stattlichen Fackeln, Leuchtern und Laternen, weil das Tageslicht nur den Eingang erhellt; auch führt man Lebensmittel mit sich für den Fall, daß man sich dort verirrt. Diejenigen, die uns selbsterdichtete Wunder aus fremden Landen auftischen, werden sich darüber lustig machen und behaupten, wir würden von einem Märchenreich fabulieren. Aber wir benennen die Plätze, sie sind nicht weit entfernt, und die Erfahrung wird Euch eines Besseren belehren. Im übrigen denke ich, daß unsere götzendienerischen Altvorderen an diese unterirdische Stätte kamen, um ihre Opfer darzubringen oder der Venus und anderen höllischen Gottheiten zu huldigen. Sie schätzten solche tief in der Erde gelegenen Stellen, weil sie einerseits ihrem eigenen Wesen entsprachen, andererseits die Liebeshändel nach Dunkelheit verlangen. Und ich sage das nicht ohne Grund: denn bei unserem Ort Comminge und nicht weit vom Pyrenäengebirge weg befindet sich ebenfalls ein unterirdischer Ort, zwar nicht so groß und dunkel wie dieser hier, aber mit einem Götzenbild der Venus, unendlich vielen Figuren des Priapus und anderem Unrat…

Bis zum Ende des 19. Jahrhunderts war ja überhaupt nicht bekannt, daß es eine prähistorische Kunst gegeben hatte, und so mußten entsprechende Beobachtungen ohne schlüssige Erklärung bleiben. Dieser Umstand verleiht dem Text von 1575 (siehe Kasten) erst sein eigentliches Gewicht, denn wenn François de Belle-Forest auf »Malereyen an mehreren Stellen sowie die Fährten oder Trittspuren von allerlei großen und kleinen Tieren« aufmerksam macht, dann schien ihm diese Sache außergewöhnlich genug gewesen zu sein, um darauf hinzuweisen. Es handelt sich hier nicht, wie manchmal behauptet wurde, einfach nur um eine bildkräftige Sprache[12]. François de Belle-Forest wußte nichts von der Frühgeschichte, und er hatte offenkundig keine Ahnung, was hier vorliegen könnte, aber er hatte einen ungewöhnlichen Tatbestand wahrgenommen und ihn mitgeteilt.

Da die Mammuts vor vielen Jahrtausenden ausgestorben waren, konnte eine Darstellung dieses Tieres auf einer Höhlenwand entweder nur neueren Datums oder aber sehr alt sein. In anderen Worten: Wenn diese – gleichwohl unverstandenen – Bildwerke bereits im 16. Jahrhundert bemerkt worden waren, dann sprach dies theoretisch für ihr paläolithisches Alter. Unglücklicherweise ist dieses entscheidende Dokument lange Zeit unbekannt geblieben. Erst mehrere Wochen nach der öffentlichen Bekanntgabe der Entdeckung am 20. Juli wurde nach mühsamer Kleinarbeit landesgeschichtlich interessierter Laien eine lange Liste mit Archivalien zusammengestellt. Unter ihnen befand sich der Bericht von François de Belle-Forest, den Jean Boucherau ausfindig gemacht hatte.

Einige Beweise für die Echtheit der Darstellungen

Zum Glück sind wir nicht auf mehrere Jahrhunderte alte Dokumente angewiesen, um zu belegen, daß die Kunstwerke tatsächlich aus dem Paläolithikum stammen. Der Nachweis ihrer Echtheit stützt sich vielmehr auf andere Argumente.

Der Stil. Wenn weitere Anhaltspunkte fehlen, richtet sich die Aufmerksamkeit zunächst einmal naheliegenderweise auf den Stil, in dem die Darstellungen gehalten sind. Die paläolithische Kunst weist genügend übergreifende typische Merkmale auf, um sich von jeder anderen Stilkonvention zu unterscheiden. Zweifellos konnten die charakteristische, wie projizierte Art der Profildarstellung sowie die Anbringung und die Form der Hörner bei den Steinböcken und Wisenten (Abb. 96) keinem Prähistoriker verborgen bleiben. Alle Wissenschaftler haben überdies die ins Auge fallende stilistische Einheitlichkeit hervorgehoben.

Die Themen. In Rouffignac wurden ausschließlich dieselben Tiere dargestellt, wie wir sie gewöhnlich in allen anderen Bilderhöhlen Frankokantabriens vorfinden. Was die abstrakten Figuren anbelangt, so hatte man bis dahin die tectiformen (dachförmigen) Zeichen noch nicht entdeckt, sondern lediglich die mit Fingern gezogenen Linien, die sogenannten Makaroni. Da sie auch in zahlreichen anderen Höhlen vorkommen, vermochte dies kaum zu überraschen. Ungewöhnlich war lediglich die Fülle der Mammut- und Nashorndarstellungen.

Die anatomischen Details. Die Wiedergabe von Tierarten, die heute ausgestorben oder erst kürzlich wiederentdeckt worden sind, setzt voraus, daß der Künstler sie genau beobachtet hatte. In Rouffignac finden sich nun aber bestimmte Einzelheiten bei den Tierdarstellungen, die dies untrüglich belegen. An erster Stelle kann man die Stehmähne der Pferde anführen. Fast ein jeder hat schon einmal etwas vom Przewalski-Pferd gehört; nach allgemeiner Auffassung gleicht es in vielem den Pferden, die die prähistorischen Künstler kannten. Man muß sich dabei in Erinnerung rufen, daß das Przewalski-Pferd erst gegen Ende des 19. Jahrhunderts entdeckt wurde; da die Zahl der Freilandgehege in letzter Zeit zunahm, ist uns das Tier etwas vertrauter geworden. Das bedeutet jedoch, daß bis vor kurzem nur eine Handvoll von Spezialisten – künstlerisches Können vorausgesetzt – ein solches Pferd hätten zutreffend wiedergeben können. Selbst wenn man einräumt, daß bestimmte anatomische Details von diesem Pferd bekannt gewesen sein könnten, so ist dies bei der abgeflachten Vorderseite am großen vorderen Horn des Nashorns ein Ding der Unmöglichkeit; aber das soll uns weiter unten beschäftigen. Es war in erster Linie das Mammut, dem Henri Breuil seine Aufmerksamkeit zuwandte, denn dieses Tier ist mehrmals, ganz ausgeprägt jedoch in einem Fall, mit einer Afterklappe abgebildet (Abb. 16). Dabei handelt es sich um eine adipöse (fettreiche) Verdickung an der Unterseite der Schwanzwurzel; wenn diese Klappe gegen die Analöffnung gepreßt wurde, stellte sie einen wirksamen Schutz gegen die Widrigkeiten des kaltzeitlichen Klimas dar[13]. Es liegt auf der Hand, daß man ein Mammut oft und

15. Letztes Mammut vom Fries der zehn Mammuts. Bauch und Beine des Tieres sind vollständig unter dem Kalzitüberzug verschwunden (Länge: 1,13 m).

16. Mammut an der Großen Decke. Man beachte die sorgfältige Wiedergabe der Afterklappe (Länge: 0,75 m).

aus nächster Nähe gesehen haben mußte, um diese spezielle Vorrichtung gegen die Kälte erkennen zu können. Es fragt sich, wer außer dem paläolithischen Menschen so genau Bescheid wissen konnte.

Der Erhaltungszustand der Figuren. Es bedarf kaum weiterer Ausführungen, daß eine Darstellung, die so lange Zeiträume in einer unterirdischen Höhle überdauert hat, vielfachen Veränderungen unterworfen war, die mit der Beschaffenheit des Untergrunds, aber auch mit eigenen Gesetzmäßigkeiten in Zusammenhang stehen. Man braucht keine verwickelten Beobachtungen anzustellen, um zu bemerken, daß die Gravierungen mit einer Patina überzogen sind, die im allgemeinen sowohl beim gravierten Strich als auch beim umgebenden Felsen identisch ist. Jüngere Ritzungen weisen hingegen eine helle Färbung auf[14].

Die Zeichnungen sind unterschiedlich gut erhalten, je nachdem, wie feucht der Untergrund ist und in welchem Maße sie den Wirkkräften der Erosion – zum Beispiel Sickerwasser oder Luftzüge – ausgesetzt sind. Einige Figuren werden sogar durch einen Kalzitstrom beeinträchtigt, unter dem maßgebliche Teile der Darstellung verschwinden (Abb. 15). Dies ist insbesondere beim großen Mammutfries der Fall; Henri Breuil hat die Inspektionsteilnehmer auf eine solche Kalzitablagerung aufmerksam gemacht und betont, daß man ihre weitere Entwicklung beobachten müsse.

Die Analysen. Das Institut für Mineralogie an der Universität von Florenz ist der Aufforderung einiger Wissenschaftler aus der internationalen Besuchergruppe nachgekommen und hat das Farbpigment analysiert. Es stellte sich heraus, daß die schwarze Substanz, die für die Zeichnungen verwendet wurde, aus Mangan besteht[15]. Seinerzeit hatte man dieses Ergebnis mit Erleichterung aufgenommen und als einen handfesten Beweis für die Echtheit der Darstellungen akzeptiert. Mittlerweile sind die Datierungstechniken jedoch so rasant vorangeschritten, daß man das Fehlen von Holzkohle im Farbpigment nicht anders als bedauern kann.

Nach dem »Krieg der Mammuts«

Bevor wir uns eingehender mit den Kunstwerken selbst befassen, wollen wir noch einen kurzen Blick auf das weitere Geschick der Höhle werfen, nachdem der Gefechtslärm abgeebbt und die Ruhe wieder eingekehrt war.

Man kann sich denken, daß sich die Entdecker mit Feuereifer an die Arbeit machten und eine erste Studie verfaßten, die dann im Jahre 1959 erschien[16]. Mittlerweile hatte sich Claude Barrière zu ihnen gesellt, der im Eingangsbereich von Rouffignac mit den Grabungen begann. In derselben Zeit richtete man in jenem Abschnitt der Höhle, in dem man am 26. Juni 1956 die Darstellungen entdeckt hatte, eine elektrisch betriebene Eisenbahn ein – eine Neuerung, die auf den ersten Blick wie ein Frevel, eine Entweihung anmutet (Abb. 17). Diese Maßnahme hat sich indessen als sehr weitsichtig erwiesen, denn dank diesem Transportmittel können schädliche Folgewirkungen, die wiederholte Besuche unweigerlich nach sich gezogen hätten, abgeschwächt, ja sogar ganz vermieden werden. Auf diese Weise hat man zum Beispiel das Problem gelöst, daß der Höhlenboden nicht zertrampelt und die Zahl der Besucher begrenzt wird. Was die künstliche Be-

17. Das elektrische Bähnchen hält vor dem Fries der Nashörner.

leuchtung anbelangt, die im unterirdischen Höhlenmilieu mit seiner völligen Finsternis eine beständige Gefahrenquelle darstellt, so hat man auch hier einen eleganten Ausweg gefunden: Der Scheinwerfer des Bähnchens erhellt die einzelnen Höhlenbereiche nur ein paar Minuten in der Stunde, wenn es sich den Weg durch die Dunkelheit bahnt. Die Erfordernisse des Tourismus und die unabdingbare Notwendigkeit, die Höhle vor Beschädigungen zu schützen, sind so seit vierzig Jahren miteinander in Einklang gebracht.

Neben der Forschung, mit der wir uns nachfolgend befassen werden und die bei weitem noch nicht abgeschlossen ist, harrte ein weiteres schwieriges Problem seiner Lösung: die beschmutzten Darstellungen, die von rußigen Inschriften überlagert waren, mußten in ihrer ursprünglichen Form wiederhergestellt werden. Unter der Leitung von Jacques Brunet – dem Verantwortlichen für die Abteilung Bilderhöhlen im Forschungslabor des Instituts für Historische Denkmäler – und von Pierre Vidal, der als Ingenieur im selben Labor tätig ist, nahm man diese schwere Aufgabe in den Jahren 1990 bis 1994 in Angriff. Eudald Guillamet, ein Spezialist für die Restaurierung von Fresken, entfernte mit Kompressen und winzigen saugfähigen, mit demineralisiertem Wasser getränkten Papiertupfern zu beiden Seiten der prähistorischen Striche die störendsten Schmierereien (Abb. 9 und 10).

WÄNDE, TECHNIKEN UND STILFORMEN

Der Felsuntergrund

In dem gleichen Maße, wie die Erosion die Höhlengänge ausgeformt hat, bestimmte das Kreidegestein die einzigartige Beschaffenheit der Oberflächen an den Wänden und Decken. Die prähistorischen Künstler haben diesem Tatbestand in Rouffignac vielleicht mehr als anderswo Rechnung getragen. Man kann lediglich feststellen, daß die hohe Galerie, die sich nach außen hin öffnet, nicht so intensiv für die Anbringung von Darstellungen genutzt wurde; man hat hier nur zwei kleine Figurengruppen entdeckt (Abb. 18). In der Tat sind die Höhlenwände dieses Bereichs in fast ihrer gesamten Höhe so sehr mit Feuersteineinschlüssen gespickt, daß nahezu keine freien verwendbaren Flächen mehr übriggeblieben sind. Anders verhält es sich hingegen mit den Gängen, die rechtwinklig von dieser Galerie abzweigen: ihr Profil ist niedriger, sie besitzen richtige Decken, und die Feuersteinknollen sind in regelmäßig verlaufenden, parallelen Bänken angeordnet. Ihre Architektur kommt einer graphischen Ausgestaltung unzweifelhaft entgegen, und so ist es nicht weiter verwunderlich, daß sich sämtliche Darstellungen dort befinden.

Die Künstler, die sich für die Seitengänge entschieden hatten, fanden zwei Kategorien von Felsuntergrund vor: die erste, senkrechte, bestand aus einer Wandfläche, die in ihrem oberen Abschnitt durch eine Feuersteinbank begrenzt war, während sich unten eine Art Sims über die gesamte Länge der Galerien hinzog. Der zweite Typus waren die großflächigen, vollkommen ebenen Decken.

18. Eingangsgalerie: die Darstellungen des Bildfelds in unmittelbarer Nähe des Eingangs (Länge: 3,50 m). Zeichnung: Jean Plassard.

Nächste Doppelseite: 19. Mehrere Mammuts und ein junger Steinbock an der Großen Decke.

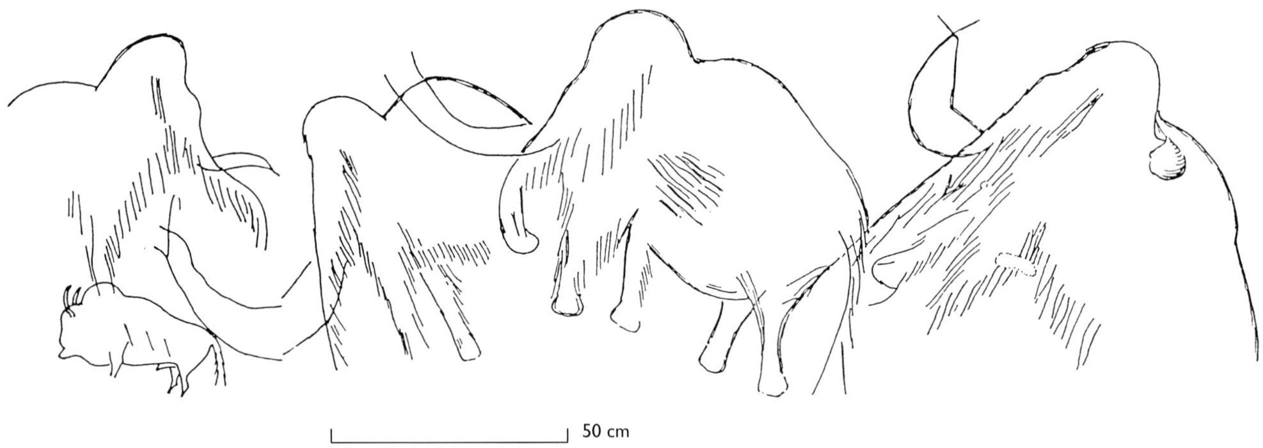

20. Der Fries der Großen Grube (Länge: 2,80 m). Zeichnung: Claude Barrière.

Die unterschiedliche Beschaffenheit der Felsoberflächen stellte die einzige Einschränkung für die Künstler dar. Man kann insgesamt vier Wandtypen unterscheiden, die nachhaltig voneinander abweichen; sie resultieren ihrerseits aus dem besonderen Verlauf der Höhlenbildung und aus der Entwicklung, die das unterirdische System seit seiner Austrocknung genommen hat. Von ganz wenigen Ausnahmen abgesehen, kommen also kaum ausgedehnte Felsflächen vor, die einheitlich gestaltet sind. Ganz im Gegenteil: Von einem Quadratdezimeter zum nächsten kann eine verhältnismäßig harte Oberfläche plötzlich ganz weich und brüchig werden. Wie wir weiter unten sehen werden, bedingte dieser ständige Wechsel einerseits die Wahl ganz bestimmter Darstellungstechniken durch den Künstler, sofern er in der Lage war, die veränderte Qualität im vorhinein zu erkennen und sich darauf einzustellen. Hatte er sich dagegen verschätzt, dann trat der Fall ein, daß sich die Strichführung innerhalb ein und derselben Figur veränderte. Wie tief eine Gravur ist und wie kräftig ein gezeichneter Strich, hängt also keineswegs ausschließlich davon ab, ob der Künstler alle Wechselfälle sorgfältig erwogen hatte, bevor er sich an die Arbeit machte. Ein Stift kann abgleiten, eine Zeichnung kann als Gravierung fortgesetzt werden, manchmal auch eine geritzte Linie in einen gezeichneten Strich übergehen. All dies sind, oft genug, die direkten Auswirkungen, die unregelmäßig beschaffene Felsoberflächen für den Fortgang der künstlerischen Arbeit haben können.

Wenn nach dem geologischen Prozeß der Höhlenbildung der Fels abgewaschen wurde und freiliegt, dann bietet sich eine vollkommen glatte und ausreichend widerstandsfähige Oberfläche dar, auf der Darstellungen mit beliebiger Technik angebracht werden können. Die Kreide ist kein besonders harter Fels; man kann sie sogar ganz leicht mit den Fingernägeln einritzen. Ob Zeichnung oder Gravierung, dieser Untergrund ist für beide Darstellungsformen gleichermaßen unproblematisch. Sowohl die Zeichnungen an der Großen Decke (Abb. 19) als auch die Gravierungen der Großen Grube (Abb. 20) sind auf dieser Art von Felsoberfläche ausgeführt worden. Dieser erste Typus ist jedoch nicht der häufigste, denn der Fels unterliegt oftmals Veränderungen, die ihn entweder noch härter werden lassen oder aber seine Oberfläche in eine bröslige Substanz verwandeln.

Die unterirdische Welt ist kein abgeschlossener Bereich, sondern in eine natürliche Umgebung eingebettet und wie diese einer Entwicklung unterworfen. So haben die beträchtlichen klimatischen Veränderungen während des Quartärs das natürliche Gleichgewicht in der Höhle nachhaltig beeinflußt. Durch Kondensation haben sich beispielsweise Kalzitformationen an den Höhlenwänden ausgebildet. Auf diesen harten Kalzitflächen bereitet das Gravieren große Mühe; der Farbauftrag ist die adäquate Antwort auf den vorgegebenen Sachzwang. Das Mammut in der Nische (Abb. 14), eine der am weitesten vom Höhleneingang entfernten Figuren, ist hierfür der beste Beleg.

Unter den zugänglichen Wandflächen nehmen jene den größten Raum ein, bei denen die karbonathaltigen Bestandteile aus dem Felsen gewaschen wurden und nur der mergelige Anteil übriggeblieben ist. Bei unveränderter Feuchtigkeit in der Höhle hat sich diese Schicht so gut erhalten, daß man heute noch den Finger über einen Zentimeter tief in den Belag stecken könnte. Es liegt auf der Hand, daß unter solchen

Rechte Seite:
21. Eine der am sorgfältigsten ausgeführten Gravierungen von Rouffignac: Der »Patriarch« (Länge: 1,22 m).

22. Ausschnitt vom Fries der fünf Mammuts in der Galerie der Großen Decke (Länge: 1,70 m).

23. Die »Mammuts der Entdeckung« (Länge: 1,80 m).

Bedingungen allein die Gravierung in Frage kommt. Die »Mammuts der Entdeckung« (Abb. 23), der berühmte »Patriarch« (Abb. 21) sowie der Fries der fünf Mammuts (Abb. 22) sind in diese Art von Felsoberfläche eingetragen worden.

Zu guter Letzt sollten nicht die Sackgassen mit ihrem Deckenüberzug aus rotem Lehm vergessen werden. Diese kurzen Verzweigungen waren einst wie Zisternen über lange Zeiträume hinweg mit lehmhaltigem Wasser gefüllt. Dieser natürliche »Schlicker«, um einen Fachbegriff aus der Keramik zu verwenden – eine Aufschwemmung feinster Tonpartikel –, hat sich im Laufe der Zeit als roter lehmiger Film abgelagert, der auch heute noch formbar ist. Man kann kaum der Verlockung widerstehen, mit den Fingerspitzen durch diese dünne cremige Schicht zu streichen. Man erhält dann lange Streifen, die sich in Weiß vom roten Untergrund abheben. Nicht anders kamen die mäanderförmigen Linien zustande, die sich an der Roten Decke mit den schlangenartigen Gebilden befinden.

Die Techniken

Die Gravierung und die Malerei waren einst die beiden einzigen Techniken, die man anführte, wenn man auf die Verfahrensweisen der paläolithischen Künstler bei der Anbringung ihrer Darstellungen zu sprechen kam. Man braucht nur die Ausführungen von André Leroi-Gourhan[1] oder von Louis-René Nougier[2] zu lesen, um sich darüber bewußt zu werden, wie spät der Begriff der Zeichnung (*dessin*) in das Vokabular der Prähistoriker Einzug gehalten hat. Die Wirklichkeit ist aber noch viel komplexer, und Rouffignac bietet unter diesem Gesichtspunkt ausreichend Gelegenheit, um eine allzu vereinfachende Betrachtungsweise zu verfeinern. Wir stehen hier aller Wahrscheinlichkeit nach vor dem Phänomen, daß man den Gebrauch von Farbe in flächigem Auftrag regelrecht verweigerte und wir infolgedessen ausschließlich von Gravierung und Zeichnung sprechen müssen.

Hat man diesen Grundsatz einmal aufgestellt, so zeigt sich, daß die Anwendung nur dieser beiden Techniken der Wahrnehmung entsprang, daß der Felsuntergrund ganz bestimmte Eigenschaften aufweist. Die Entscheidung, zu zeichnen oder zu gravieren, stellt jeweils eine – im allgemeinen überzeugende – Antwort auf die vorliegenden Sachzwänge dar. So wie die Körnung mancher Höhlenwände in Lascaux gebieterisch auf die Malerei verweist, lassen die langgezogenen, glatten und brüchigen Kreideflächen von Rouffignac keine andere Darstellungstechnik als die Gravierung zu. Freilich muß man hinzufügen, daß die bröcklige Felsoberfläche mit den verschiedensten Werkzeugen bearbeitet werden konnte – vom Feuersteinstichel über das Holzstäbchen bis hin zur Knochenspatel[3] und sogar dem Finger. Außerdem fällt auf, mit welchem Bedacht die Künstler dieses Gerätearsenal handhabten und damit spielten. Es ist kein Zufall, wenn in ein und derselben Gravierung mehrere Werkzeuge zur Anwendung kamen, denn ein anderes Utensil kann beispielsweise das Volumen deutlicher hervortreten lassen oder ein Detail unterstreichen, dem man besondere Bedeutung beimaß.

Die Zeichnung wiederum besteht aus dem Auftrag eines Farbpigmentes, das man direkt auf die Oberfläche reibt. Das bedeutet zuallererst, daß das Farbpigment eine feste Konsistenz besitzt. Es handelt sich demnach um einen Zeichenstift, der, einem Pastellstift vergleichbar, keiner weiteren Ausstattung bedarf: Er wird, mit anderen Worten, direkt in der Hand gehalten. Selbstverständlich können verschiedenfarbige Stifte verwendet werden, aber auch hier unterschieden sich die Künstler von Rouffignac von ihren Kollegen an den anderen Stätten: Sie gebrauchten ausschließlich die Farbe Schwarz.

Ein Mangel an eisenoxydhaltigem, also rotem Gestein vor Ort scheidet als Erklärung aus, denn man hatte mehrere Alternativen: Neben dem toneisenhaltigen Lehm, der in einer dicken Schicht die Plateaus bedeckte, hätte man auf die rotgefärbten Feuersteinknollen zurückgreifen können, die den natürlichen Rahmen der Darstellungen bilden. Es verhält sich vielmehr sogar so, daß das schwarze Mangandioxyd wesentlich schwieriger zu beschaffen war[4]! Auch hier hat es den Anschein, daß man sich ganz bewußt entschieden hatte, keine andere Farbe als Schwarz zu verwenden. Es gibt jedoch vier Ausnahmen von dieser Regel, denn ein Wisent, das Gesicht eines Pferdes, ein Mammut (Abb. 24) und eine Reihe senkrechter Striche sind mit Lehm gezeichnet worden, den man in der Umgebung eingesammelt hatte. Allerdings sind diese Fälle äußerst selten, und so bleibt die Frage bestehen, was es mit dieser ausgeprägten Vorliebe für die Farbe Schwarz eigentlich auf sich hat.

24. Mit Lehm gezeichnetes Mammut im tiefer gelegenen Bereich der Großen Decke (Länge: 0,90 m).

25. Drittes Nashorn vom Fries der Nashörner (Länge: 0,95 m).

26. Nachdem die weiche Kreideschicht abgekratzt worden war, konnte die schwarze Zeichnung der Kruppe beim dritten Nashorn fortgesetzt werden.

Hält man sich die Beschaffenheit der Felsoberflächen und die beiden Arbeitstechniken vor Augen, so wird schnell klar, daß man nur weniger Geräte bedurfte. Mörser und Palette für die Zubereitung von Farbe waren überflüssig, auch brauchte man keinen Pinsel, um die Farbe aufzutragen. Es genügten die wenigen bereits erwähnten Werkzeuge, die man vermutlich in die Höhle mitgenommen hatte. Allerdings sind die Chancen äußerst gering, zu Füßen der mit Darstellungen versehenen Wände auf archäologisches Fundmaterial zu stoßen, mit dessen Hilfe man die Werke datieren oder wenigstens einen Teil der Aktivitäten rekonstruieren könnte, die an dieser Stelle stattfanden.

Wenn sich die herkömmliche Archäologie als wirkungslos erweist, so bleibt immer noch der Rückgriff auf die »Archäologie der Striche«, denn die spontan aufgetragenen Linien – seien sie nun graviert oder gezeichnet – ergeben Umrisse, an denen man genau die Abfolge der einzelnen Arbeitsschritte nachvollziehen kann. Wie viele Handbewegungen waren erforderlich, um das Mammut der Entdeckung anzufertigen? In welche Richtung und in welcher Reihenfolge erfolgten sie? Warum ist ein ganz bestimmtes Wisent an der Großen Decke halb gezeichnet und halb graviert worden? Die Antworten auf diese Fragen findet man im allgemeinen in den Liniengebilden selbst.

Die beiden Darstellungstechniken, die wir soeben beschrieben haben und die im Falle von Rouffignac zur Anwendung gekommen sind, haben ein Merkmal gemeinsam, und zwar die Spontaneität des Linienauftrags. Ob ein Strich ohne großen Aufwand auf eine nachgiebige Felsoberfläche graviert oder ein Farbpigment in fortlaufender Linie angebracht wird – beide Male entsteht die Tiersilhouette in einem einzigen Bewegungsablauf; auch die ausführende Geste ist genau die gleiche, bei der Gravierung wie bei der Zeichnung. Beide Techniken fügen sich also eindeutig in ein vorgefaßtes Konzept ein, zu einem graphischen Ausdruck zu gelangen, den wir im folgenden als »Kunst der Strichführung« bezeichnen wollen.

Es gibt allerdings einen Unterschied zwischen den beiden Vorgehensweisen, die einen gezeichneten oder gravierten Strich hinterlassen, und zwar im Verhältnis der Härte zwischen dem verwendeten Werkzeug und dem Felsuntergrund. Wenn das Gerät härter ist, entsteht ein Einschnitt, also eine Gravierung, während im entgegengesetzten Fall es durch den Felsuntergrund abgenutzt wird und eine Zeichnung ergibt. Ein etwas nachgiebigerer Wandabschnitt reicht bereits aus, daß der Stift weitergleitet, ohne eine Spur zu hinterlassen, oder daß die Zeichnung unvermittelt in eine Gravierung übergeht. Ein solcher Zwischenfall ist bei mehreren Gelegenheiten eingetreten, aber zweimal wurde der Künstler mit einem ernsthaften Problem konfrontiert, das nach Abhilfe verlangte. Seltsamerweise gelangte man in den beiden Fällen zu grundlegend unterschiedlichen Lösungen.

Die erste Panne ereignete sich beim dritten Nashorn vom Fries der Nashörner (Abb. 25). An jener Stelle, wo der Schulterbuckel ansteigt, geriet der Stift ins Gleiten, ließ nur einen flüchtigen braunen Streifen zurück und ging dann im Bereich der Kruppe eindeutig in eine Gravierung über. Der Künstler, der dieses Mißgeschick offenkundig nicht auf sich beruhen lassen wollte, begann nun damit, die weiche Felsoberfläche an dieser Stelle abzukratzen. Er legte so die tieferliegende harte Kreideschicht frei und setzte seine Arbeit mit einem schwarzen Stift fort (Abb. 26). – Beim zweiten Fall handelt es sich um einen Wisent an der Großen Decke (Abb. 27). In der Höhe des Rückens sah sich der Zeichner vor das Problem gestellt, daß Stift und Felsuntergrund gleich hart waren. Es gab weder Abrieb noch Einschnitt, so daß auf dem Felsen keine Linie erschien. Diesmal bestand die Antwort darin, zur Gravierung überzugehen, so daß am Ende eine halb gezeichnete, halb gravierte Tierdarstellung vorlag.

Bis vor kurzem konnte man nur im Roten Salon das Phänomen antreffen, daß eine Gravierung unvermutet in eine Zeichnung übergeht. Das jüngst entdeckte 158. Mammut ist nun ein weiterer Beleg für diese Arbeitsweise. Es handelt sich um eine Gravierung, die mit dem Finger ausgeführt wurde. Die auf dem Fels aufliegende weiche, verwitterte Schicht ist nur zwei Millimeter dick, so daß die mit dem Finger gezogene Linie sehr flach ist. Nach und nach treten jedoch Glaukonitablagerungen auf, kleine grünliche Lehmansammlungen, die zunächst mit dem Finger weitertransportiert werden, schließlich aber in Gestalt eines gemalten Strichs auf der Wand zurückbleiben. So erscheinen die Stoßzähne, der Rüssel und die Kruppe als Zeichnung, während die übrige Tiersilhouette graviert ist. Im Unterschied zu den beiden zuvor geschilderten Fällen scheint dies dem Künstler keine weiteren Schwierigkeiten bereitet zu haben.

Ein und dasselbe Problem führte also zu drei grundverschiedenen Lösungen, und das verweist uns offenkundig darauf, daß zwischen der jeweiligen Technik und dem allgemeinen Rahmen, in den sich eine

27. Eine Gruppe von Wisenten, die ein Mammut umgeben; man beachte unten rechts den halb gezeichneten und halb gravierten Wisent (1 m^2).

Nächste Doppelseite: 28. Der Fries der drei Nashörner (Länge: 3,50 m).

Darstellung einfügt, ein gewisser Zusammenhang besteht. Das Nashorn befindet sich in einem schwarz gezeichneten Fries; indem es mit schwarzer Farbe zu Ende geführt wurde, blieb die Übereinstimmung mit der gesamten Bildkomposition, deren Bestandteil es ja ist, gewahrt (Abb. 28). Der Wisent wurde inmitten einer Figurengruppe aus 65 Darstellungen angebracht; das Wechselspiel von Zeichnung und Gravierung verleiht ihm eine Originalität, die ihn aus dem Ensemble hervorhebt, ohne deswegen die Einheitlichkeit des Bildfeldes zu beeinträchtigen. Das Mammut schließlich steht isoliert am Ende einer Galerie; hier war keine Rücksichtnahme auf andere Darstellungen und folglich auch keine besondere Bearbeitung erforderlich, so daß der Künstler es wahrscheinlich aus diesem Grund in seinem ursprünglichen Zustand belassen hat.

Die Abfolge der Linien

Wenn man einen Stift über die Wand führt, wird das Farbpigment durch Abrieb verteilt; an jeder Unebenheit des Felsuntergrunds bleibt ein wenig Farbe hängen. Dieser Abrieb findet nur auf einer Seite der winzigen Erhebungen im Mikrorelief statt (Abb. 29). Ebenso verhält es sich bei den mit Fingern gezogenen Linien: Wenn der Finger über die Wand gleitet, werden an der Basis des Einschnitts kleine Partikel emporgehoben, die stets in dieselbe Richtung weisen (Abb. 30). Ein Werkzeug läßt beim Gravieren dieselben Spuren zurück, wenngleich etwas unscheinbarer. Ob Zeichnung oder Gravur, es ist demnach in beiden Fällen möglich, die Richtung herauszufinden, in die die Linien gezogen wurden. Zugleich kann man sie zählen, ihre Überlagerungen studieren und daraus ableiten, in welcher Reihenfolge sie angebracht wurden. Wenn man jede der Linien, aus denen eine Figur besteht, sorgfältig untersucht, kann man die graphische Abfolge rekonstruieren, das heißt die einzelnen Etappen des Arbeitsprozesses, an dessen Ende schließlich die Figur steht. Der Nutzen einer solchen Herangehensweise ist beträchtlich, denn sie versetzt uns in die Lage, bestimmte Kategorien von Darstellungen festzulegen. Im Falle von Rouffignac stellte sich heraus, daß nur wenige verschiedene Arbeitsschritte erforderlich waren, um die Tierfiguren anzufertigen. Claude Barrière, der sich lange Zeit intensiv mit der graphischen Struktur der Mammutdarstellungen befaßt hat, hat lediglich fünf typische Gestaltungsweisen der Tiere – »Arabesken«, wie er sie nannte – identifiziert[6].

Als wir bei einem Drittel der Mammutfiguren die Silhouetten in einem Experiment übereinanderlegten, stellte sich heraus, daß sie kaum voneinander abwichen und nur zwei typische Formen zu unterscheiden waren (Abb. 31). Es waren nur zusätzliche Details, die einer Darstellung ihre Originalität verliehen. Es scheint demnach folgerichtig zu sein, wenn wir dem Begriff der Arabeske – der typischen »Pose« – den Terminus »graphisches Gerüst« beigesellen, das als Grundstruktur für eine Tierdarstellung fungiert. Wie wir weiter unten sehen werden, beruhen auch die Pferde- und Wisentdarstellungen auf solchen graphischen Gerüsten.

Es sollte daraus aber nicht der Schluß gezogen werden, die Werke von Rouffignac seien in einer Art Fließbandverfahren hergestellt worden. Die Wand einer Höhle bietet niemals eine völlig ebenmäßige Oberfläche, und die paläolithischen Künstler haben hier wie in den anderen Bilderhöhlen ihre Fertigkeit unter Beweis gestellt, die geringste Wellung der Felsoberfläche auszunutzen und einen harmonischen Einklang zwischen der Figur und ihrer Unterlage herzustellen. Die beiden soeben geschilderten Herangehensweisen bei der Untersuchung der Darstellungen haben ergeben, daß es zwei grundlegende Komponenten in der

29. Die Verteilung des Farbpigments auf dem Mikrorelief der Höhlenwand.

30. Die über die Wand streichenden Finger haben winzige Schuppen aufgerichtet und am Ende der Linien einen kleinen Wulst hinterlassen.

31. Die beiden Mammut-Typen in zeichnerischer Überlagerung.

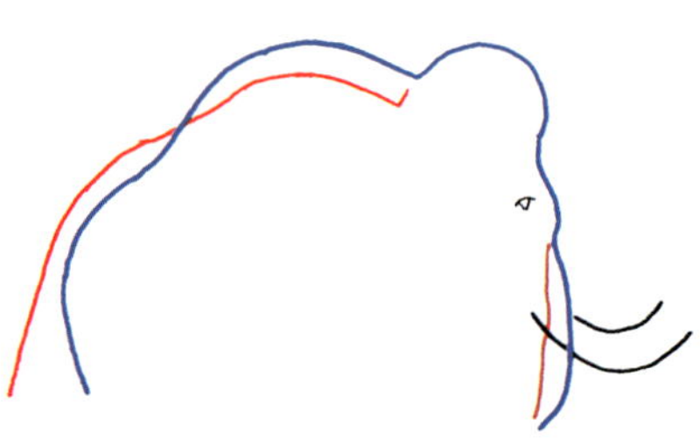

Struktur der Tierfiguren von Rouffignac gibt, aber damit ist in keiner Weise gesagt, daß es zwischen Arabeske und graphischem Gerüst unvereinbare Widersprüche gäbe. Die Arabeske scheint die Frucht eines Lernvorgangs zu sein, des Einübens bestimmter Bewegungsabläufe, so wie Profis ihre »Berufstricks« untereinander austauschen. Es handelt sich um ein technisches Know-how, welches das Gelingen des Werkes garantiert und dem einzelnen Künstler zugleich alle Freiheit läßt, seine Kreativität in den vorgegebenen Bahnen zu erproben. Aus verschiedenen Arabesken kann man ein und dasselbe graphische Gerüst erhalten. Es ist folglich individueller, entspricht mehr einem geistigen Entwurf, einer persönlichen Vorstellung von einer bestimmten Tierart. Das soll jedoch nicht heißen, daß man von den beiden graphischen Gerüsten, die den Mammutfiguren in Rouffignac zugrunde liegen, auf die Existenz zweier Künstler derselben Schule schließen könnte, die die zahlreichen Mammutdarstellungen in der Höhle ausgeführt hatten. Wie wir noch sehen werden, gilt es noch mindestens ein weiteres Kriterium zu berücksichtigen.

32. Detail des linken Hinterbeins vom ersten Nashorn aus dem Fries der Nashörner.

Der Stil von Rouffignac

Auch wenn es auf den ersten Blick so aussehen mag – die »Kunst der Strichführung« ist weder archaisch noch naiv. Im Gegenteil, sie erfordert von seiten des Künstlers ein großes Können, und aufgrund ihrer Kargheit tendiert sie eher zur Karikatur. Es ist also nicht weiter verwunderlich, wenn wir in Rouffignac keine Malereien antreffen, denn die Figuren waren von vornherein als Strichzeichnungen konzipiert. Jede Geste ist hier – mehr als bei anderen Stilformen – etwas Endgültiges, denn es wäre sehr schwierig, die Striche im nachhinein zu beseitigen. Jede Linie muß eine Information transportieren: ein anatomisches Detail, eine bestimmte Haltung oder irgendeine andere Eigenschaft, die für den Urheber von Bedeutung ist. Das Mammut, dem man den Namen »Großvater« gegeben hat, ist ein guter Beleg für die Ausdruckskraft dieser Kunstform. Diese Figur, die am rechten Rand der Großen Decke angebracht wurde, ist eine der vollständigsten Mammutdarstellungen in der Höhle. Die äußere Erscheinung dieser mit vielen Einzelheiten ausgestatteten Figur zieht sofort die Aufmerksamkeit des Betrachters auf sich. Die vier Beine sind angegeben, ebenso das Auge, der Rüssel und die Stoßzähne. Wenn man jedoch genauer hinschaut, stellt sich heraus, daß das Fell nur durch etwa dreißig Schraffierungen wiedergegeben ist. Hingegen hat man auf jedes einzelne Haar besondere Sorgfalt verwendet, denn hier handelt es sich in keinem einzigen Fall um eine einfache Schraffierung, sondern vielmehr um Linien, deren Länge, Ausrichtung und Wellung mit größter Genauigkeit die Dichte und Länge des Haarkleids anzeigen. Ebenso verhält es sich bei den Fußsohlen: Hier ist der Strich kräftiger aufgetragen und läßt das Relief hervortreten, ohne allerdings die Zehen in die Darstellung miteinzubeziehen. Die Stoßzähne sind – was selten vorkommt – mit Doppelstrichen gestaltet, und zum Ende hin krümmen sie sich in entgegengesetzte Richtung, als ob damit angedeutet werden sollte, daß ihre Spitzen aufeinander zulaufen. Auch das Auge ist mit besonderer Detailtreue ausgeführt. Es wird von einem doppelten oberen Augenlid überragt, welches das kleine »bohnenförmige« Organ – um einen Ausdruck von Gerhard Bosinski zu verwenden – deutlich hervorhebt. Der Rüssel mit seiner zweilappigen Spitze, den »Rüsselfingern«, verstärkt nachhaltig den Eindruck realistischer Wiedergabe, den diese Figur ohnehin vermittelt. Alles in allem reichten ungefähr fünfzig Striche aus, um diese detailgenaue Darstellung hervorzubringen, und man fragt sich, was ein flächiger Farbauftrag hier noch wesentlich hätte verbessern können!

Das linke Vorderbein des ersten Nashorns im Fries der Nashörner ist ein weiterer Beleg dafür, welche Intensität und Eindringlichkeit diese Darstellungsweise besitzt (Abb. 32). Sie beschränkt sich hier einzig und allein auf die Andeutung der Fußsohle, aber der winzige Kreisbogen ist so plaziert, daß er die Vorstellung von Perspektive und Bewegung hervorruft. Das Tier reiht sich so in die Gruppe seiner Artgenossen ein, die ebenfalls in Bewegung dargestellt sind.

Wie wir weiter oben ausgeführt haben, gilt für die Gravierung dasselbe wie für die Zeichnung. Der »Patriarch« (Abb. 21) ist einer der schönsten Belege für diesen Sachverhalt. Diese Darstellung ist deshalb so vollkommen gelungen, weil jede Ritzung genau bedacht war. Der Künstler kombinierte hier die Technik der Arabeske mit Schraffierungen. Das Schädeldach, die Rückenlinie und die Stoßzähne sind die einzigen fortlaufenden Striche, die das graphische Gerüst bilden. Indem der Künstler die Länge, Dichte und Gestalt der Haare variiert – die zahlreicher sind als beim »Großvater« –, arbeitet er bestimmte anatomische Details plastisch heraus: die Schädelkontur, das Relief des Augenbrauenbogens, die Wölbung am Rüsselansatz und

33. Das Auge des »Patriarchen« (Ausschnitt).

das gewellte Haar, das vom Bauch und von der Brust herabhängt. Außerdem gebrauchte der Künstler hier zwei Werkzeuge: Während das Fellkleid und der Körper mit einem Feuersteinstichel ausgeführt worden sind, kam bei den Stoßzähnen ein Gerät zur Anwendung, das breite Striche hinterließ und so die gewaltigen Ausmaße dieser Bewehrung betonte. Das Auge wiederum ist ein herausragendes Detail in diesem Meisterwerk (Abb. 33). Es ist keineswegs dreieckig, wie man so oft behauptet hat, sondern besteht aus einer im Flachrelief gehaltenen Pyramide, die in ein Dreieck eingepaßt ist. Die darüber angebrachte kräftige Augenbraue verstärkt den Eindruck ruhiger Majestät, die von der kraftvollen Erscheinung dieses Tieres ohnehin ausgeht.

Welche Tierdarstellung man auch immer heranziehen mag, stets stößt man in Rouffignac auf dieses Spiel mit den Strichen. Während das jeweilige graphische Gerüst konstant bleibt, heben sie die charakteristischen Eigenschaften einer Art hervor, um dann mit kleinen Akzenten weitere Details zu verdeutlichen, die jeder Figur ein unverwechselbares persönliches Gepräge verleihen. Man kann also mit Fug und Recht einen »Stil von Rouffignac« geltend machen. Unabhängig von den Arbeitstechniken zeichnet sich diese Stilform dadurch aus, daß sie den Strich bevorzugt, ferner durch eine Kargheit, ja Strenge, und durch eine ihr eigentümliche Ausdruckskraft. Sie beruht auf einer stringenten Auswahl der einzelnen Details und Haltungen, welche der Künstler mit Nachdruck betont. Davon zeugen beispielsweise die beiden Wisente, die sich an der Großen Decke gegenüberstehen: Das eine Tier, dessen vordere Gliedmaßen fehlen, scheint sich in einer Unterwerfungsgeste hinzuknien (Abb. 96), während sein halb gezeichneter, halb gravierter Artgenosse jene wuchtige Erscheinung an den Tag legt, die den männlichen Tieren dieser Spezies zu eigen ist.

Eine verhältnismäßig junge Kunst

Im Laufe der letzten Jahre wurden die Datierungstechniken wesentlich verfeinert, und diese neue Form wissenschaftlicher Analyse wurde mittlerweile an zahlreichen Stätten mit prähistorischer Kunst angewendet. Leider war dies bei Rouffignac bislang noch nicht möglich.

Die Farbanalysen, die man während der Entdeckung vorgenommen hatte, erbrachten lediglich das Resultat, daß das von den Künstlern verwendete schwarze Farbpigment mineralische Bestandteile enthält. Außerdem hatten die häufigen Höhlenbesuche in den unterschiedlichsten Epochen zur Folge, daß das archäologische Material, das ansonsten eine Datierung ermöglichen würde, vollkommen durcheinandergeraten war. So bleibt nichts anderes übrig, als das Alter der Darstellungen durch stilistische Vergleiche mit anderen gut datierten Stätten schätzungsweise zu ermitteln.

Die stilistischen Merkmale, die abgebildete Tierwelt und die abstrakten Zeichen, die mit den graphischen Gebilden in den benachbarten Bilderhöhlen (Font-de-Gaume, Les Combarelles, Bernifal) übereinstimmen, gestatten es, die Kunst von Rouffignac mit einiger Zuverlässigkeit magdalénienzeitlichen Künstlern zuzuweisen – denselben Menschen, die zu Beginn des Magdalénien Lascaux ausgeschmückt haben. Da sich die Zivilisation des Magdalénien jedoch über annähernd 6000 Jahre erstreckte und im Verlauf dieser Zeitspanne Klimawechsel stattgefunden haben, die entsprechende Veränderungen in der Tier- und Pflanzenwelt dieses Gebiets bewirkten, haben sich auch das Verhalten und die Gewohnheiten der Menschen entsprechend gewandelt. In diesem Zusammenhang geben die Darstellungen von Mammuts und wollhaarigen Nashörnern im Bestiarium von Rouffignac die entscheidenden Hinweise: Sie lieferten die entscheidenden Anhaltspunkte, daß man die Kunstwerke übereinstimmend dem mittleren Magdalénien zuweist – einer Zeit, in der das Mammut zum letzten Mal in dieser Gegend vertreten war. Es scheint demnach angebracht zu sein, ein Alter von 13 000 bis 14 000 Jahren vor heute für die Darstellungen von Rouffignac zu veranschlagen. Sie sind also, in anderen Worten, um mindestens 4000 Jahre jünger als die Wandbilder in Lascaux. Als die Werke von Rouffignac entstanden, hatten die Menschen bereits seit 20 000 Jahren Darstellungen in Höhlen angebracht. Die Zeitspanne, die uns von diesen Künstlern trennt, ist folglich kleiner als die zeitliche Kluft, die zwischen ihnen und den Malern der Grotte Chauvet besteht. Diese lange künstlerische Tradition mag vielleicht den geläuterten, verfeinerten Stil erklären, den wir bei den Darstellungen von Rouffignac allenthalben antreffen.

Die Themen: Vom Mammut bis zur Schlange

Die Mammuts

Das Profil der Mammuts zeichnet sich in erster Linie durch folgende Eigenschaften aus: die Stirn verläuft nahezu senkrecht, wobei die gerade Linie lediglich durch die starke Wölbung des Augenbrauenwulstes unterbrochen wird; insbesondere hat jedoch die Rückenlinie einen entscheidenden Anteil an der harmonischen Gesamterscheinung der Silhouette (Abb. 36). Der im allgemeinen hohe Rücken weist nicht die stark abfallende Rückenlinie auf, durch die sich zahlreiche paläolithische Darstellungen dieses Tieres auszeichnen. Auf die höchste Stelle – unmittelbar hinter der V-förmigen Einsattlung im Nackenbereich – folgt der Schulterbuckel, der leicht eingedellt zur Kruppe und schließlich zum Schwanzansatz übergeht; das Ergebnis ist ein verkürzter, abgerundeter Körper. Von diesem Grundprinzip heben sich die beiden graphischen Gerüste ab, auf die wir weiter oben zu sprechen kamen. Die Darstellungen der ersten Kategorie muten nahezu buckelig an. Sie haben einen sehr hohen, runden Rücken, der manchmal den Kopf überragt und deutlich eingedellt ist (Abb. 35). Die Vertreter der zweiten Kategorie sind länglicher, besitzen eine stärker abfallende und weniger eingedellte Rückenlinie (Abb. 37). Keine Regel ohne Ausnahme – dies gilt selbstverständlich auch für einige Exemplare, die von dem vorgegebenen Rahmen abweichen, ohne sich deswegen vollständig vom typischen Stil von Rouffignac loszulösen. Dies ist insbesondere bei einer isolierten Mammutdarstellung im tiefer gelegenen Bereich der Großen Decke zu beobachten. Diese Figur fällt vor allem wegen seiner hohen Beine und dem gänzlich fehlenden Fellkleid ins Auge.

Jede Kategorie hat ihre unverkennbaren Gestaltungsformen, und zu dieser grundlegenden Struktur treten nun weitere ergänzende Angaben und besondere Details hinzu. Tatsächlich besitzen nicht alle Mammuts ein Auge, Beine oder Stoßzähne (Abb. 38). Vielmehr verhält es sich so, daß nur 56 Prozent der Mammutfiguren mit einem Auge, 71 Prozent mit Stoßzähnen und lediglich 31 Prozent mit einem oder mehreren Beinen ausgestattet sind. Und nur bei sieben Tieren sind alle vier Beine angegeben! Hier hat man demnach eine bewußte Auswahl getroffen, die jeder Figur ihr unverwechselbares Aussehen verlieh. Unter den 158 Vertretern aus unserer Mammutschar unterscheidet sich das »Mammut mit dem schelmischen Auge« (Abb. 39), das ein rundes Auge mit Tränenkarunkel aufweist, auf Anhieb von allen seinen Artgenossen. Außergewöhnlich ist auch eine Figur mit Stoßzähnen in Form eines Schnurrbarts (Abb. 40), und eine weitere Variante stellt ein Mammut aus dem Fries der Großen Grube dar, dessen Stoßzähne sich überkreuzen und nach unten verlaufen. Wie sollte man schließlich die ungewöhnlich vielseitig gestalteten Augen und Ohren bei den Tieren vom »Fries der zehn Mammuts« übersehen!

34. Vorderkörper eines Wisents in der Mitte der Großen Decke (Länge: 0,90 m).

35. Graviertes Mammut in der Galerie Breuil (Breite: 0,73 m).

36. Zwei Mammuts aus dem Bilderwirbel an der Großen Decke.

37. Dieses Mammut am Gewölbe in der Galerie der Großen Decke wurde mit vier Figuren gezeichnet . (Länge: 1,70 m).

38. Schematisch graviertes Mammut auf einem Bildfeld mit waagerechten Kratzspuren. Der Boden unmittelbar darunter ist mit Feuersteinsplittern bedeckt (Länge der Darstellung: 0,59 m).

Unter den Mammuts, die wir zuvor als »buckelig« bezeichnet haben, sei insbesondere die Figur mit der Afterklappe hervorgehoben (Abb. 16), eine der ersten Zeichnungen an der Großen Decke. Sie zählt zugleich zu den am vollständigsten ausgestatteten Darstellungen. Die Höhe seines Buckels wird durch den Umstand betont, daß seine Silhouette fast kreisrund gestaltet ist. Zu diesem »verkürzten« Erscheinungsbild kommt hinzu, daß es äußerst kurze Stoßzähne hat, hier also ein junges erwachsenes Tier abgebildet sein könnte. Es zeichnet sich im übrigen durch zwei weitere wesentliche anatomische Details aus: An erster Stelle ist die Schutzvorrichtung unterhalb der Schwanzwurzel, die Afterklappe, zu nennen – die bei der Debatte über die Echtheit der Figuren ausschlaggebend war –, sodann die ebenfalls selten dargestellte Dreieckform der Unterlippe.

Eines der größten Mammuts von Rouffignac – es befindet sich in der Achse der Galerie im Saal der Großen Decke und ist mit dem Finger auf die Höhlendecke graviert worden (Abb. 41) – kann ebenfalls als typischer Repräsentant der ersten Kategorie angesehen werden. Es mißt 1,35 Meter und hinterläßt den Eindruck, vollständig zu sein, obwohl lediglich der Rücken, der Bauch, drei Beine, das Auge und ein Stoßzahn abgebildet sind. Auch hier ist bemerkenswert, mit welcher Sorgfalt man zusätzliche Einzelheiten angegeben hat, die zum vollständigen Gelingen dieser Figur maßgeblich beigetragen haben. Insbesondere das Auge sticht durch seine Bearbeitung hervor; es ist dreieckig, mit ausgespartem Mittelteil, und wird von einer breiten Augenbraue überragt. Der einzige Stoßzahn wirkt hingegen verkümmert; er endet bereits nach einigen Zentimetern an einer Feuersteinknolle. Das rechte Vorderbein – in Form von Schraffuren dargestellt, die das Fell anzeigen – wird durch die Schulter begrenzt. Die Hinterbeine hingegen, die jeweils in rundliche Füße auslaufen, sind nach hinten ausgestreckt, als ob das Tier ausschlüge. Mit drei Fingern sorgfältig gezogene mäanderförmige Linien scheinen eigens auf diese Darstellung aufmerksam zu machen. Alles spricht im übrigen dafür, daß diese Zuordnung beabsichtigt war, denn die Mäanderlinien heben sich eindeutig von dem unübersichtlichen Liniengewirr in unmittelbarer Nähe ab.

Dieses große Mammut ist ein paar Meter vom »Fries der fünf Mammuts« entfernt, und das links außen angebrachte Mammut dieser Gruppe gehört ebenfalls derselben Kategorie an. Sein graphisches Gerüst ist identisch; es wurde gleichfalls mit dem Finger gezogen und besitzt denselben Aufbau. Es hat zwei Stoßzähne, das Auge fehlt, aber wie die vorherige Figur hat es nur drei Beine mit abgerundeten Extremitäten. Die beiden Hinterbeine und das linke Vorderbein sind durch Schraffierungen wiedergegeben, die die Behaarung darstellen. Die Ähnlichkeit zwischen den beiden Exemplaren ist so augenfällig, daß man meinen könnte, sie seien gleichzeitig angefertigt worden.

39. Das »Mammut mit dem schelmischen Auge« (Länge: 1,15 m).

Nächste Doppelseite:
40. Zwei Mammuts stehen in der Sackgasse vor der Kreuzung einander gegenüber (Länge: 1,10 m).

Der bereits zuvor erwähnte »Großvater« zählt hingegen zur zweiten Kategorie, ebenso wie die »Mammuts der Entdeckung« (Abb. 23) – die ersten Darstellungen von Rouffignac, die in die Geschichte eingingen. Vor allem die rechte Figur ist ein typischer Vertreter dieser Gestaltungsweise. Ihre besondere Originalität rührt daher, daß ein kleiner Feuersteineinschluß das Auge ersetzt; er ist der Dreh- und Angelpunkt, um den sich die Darstellung entwickelt. Auch in technischer Hinsicht ist diese Figur außerordentlich aufschlußreich: Sie wurde auf einen äußerst brüchigen Wandabschnitt graviert, und zwar aller Wahrscheinlichkeit nach mit einem Stäbchen und nicht mit dem Finger, wie Claude Barrière ausgeführt hat[1]. Die Spur, die das Gerät hinterließ, weist ein unterschiedliches Profil auf, je nach der Drehung des Handgelenks, mit der die Gravierung erfolgte. So geht eine rundliche Linie im Bereich des Rüssels in einen kantigen, stark asymmetrischen Strich in der Nackenregion über und nimmt auf der Höhe des Schwanzes wieder ihre ursprüngliche runde Gestalt an. Man schaut in diesem Fall dem Künstler gewissermaßen über die Schulter, denn hier ist es möglich, für einige Augenblicke seine Haltung bei der Ausführung des Werkes vollständig nachzuvollziehen. Die Kenntnis seiner Vorgehensweise erlangt hier im übrigen eine besondere Bedeutung, weil es außerdem eine Reihe vertikaler, mit zwei, drei oder vier Fingern der rechten Hand gezogener Streifen gibt, die vor der Mammutgravierung angebracht worden sind. Diese Überlagerung mit einem solchen Liniengebilde ist in Rouffignac einzigartig. Die Versuchung ist groß, hierin eine Art Kontaktaufnahme mit dem Felsuntergrund zu sehen, in der eine gewisse Unschlüssigkeit zum Ausdruck kommt, wie die Darstellung am besten anzubringen sei.

Unter allen »langgestreckten« Mammuts erregen diejenigen des Roten Salons (Abb. 42) gewiß das meiste Aufsehen. Diese sieben Gravierungen befinden sich an der Decke einer jener Sackgassen, deren Wände mit Lehm überzogen sind, und heben sich in Weiß vom ziegelroten Untergrund ab. Neben ihrer beträchtlichen Größe – sie beträgt durchschnittlich zwei Meter – besteht ihre Besonderheit in der Technik, in der sie ausgeführt wurden. Als Werkzeug hatte man ein Stück Kalzit oder ein Stück Feuersteinrinde verwendet, das sich jedoch nicht genügend einschnitt, um in der darunterliegenden Felsschicht eine Ritzung zu hinterlassen; lediglich der filmartige Überzug an der Oberfläche ist abgetragen worden. Im Falle einer tiefen Gravierung wäre das Gerät von seinem eigenen Einschnitt weitergeleitet worden; da es aber nicht in den Felsuntergrund eindrang, »vibriert« die Strichführung. Offensichtlich war dies dem Künstler bekannt, und so erfand er eine neue Darstellungsmethode: den segmentierten, in Abschnitte gegliederten Strich. Die Figur setzt sich aus einer Aneinanderreihung von fünf bis sechs Zentimeter langen Strichabfolgen zusammen, die wie Dachziegel angeordnet sind (Abb. 43). Man muß also lediglich mit der Dichte, Form und Länge dieser Segmente spielen, um eine mehr oder weniger kräftige Linie zu erhalten, der Figur Volumen zu verleihen oder Details anzudeuten.

Vom Schädeldach bis zum Schwanzende sind die Abschnitte lang und verhältnismäßig gerade, so daß sie wie eine fortlaufende Linie aussehen. Im Stirnbereich sind sie leicht aufgerichtet und zeigen nach vorne, geben also einen struppigen Haarschopf an. Etwas tiefer krümmen sie sich zunehmend und werden dichter, um den Überaugenwulst wiederzugeben; dann werden sie erneut länger und bilden eine Wölbung, die den Rüsselansatz bezeichnet. Von dort an breiten sie sich fächerförmig aus, um die gesträubten Haare darzustellen, die sich durch die Bewegung des Rüssels nach hinten umbiegen. Vom Unterkiefer abwärts, auf der Brust, entlang den Beinen und unter dem Bauch finden sich dann regelrechte Schraffierungen, die das dichte Fellkleid zeigen. Die Augen sind ohne Ausnahme dreieckig und besitzen manchmal eine Pupille, so daß die Individualität eines jeden Tieres nur in der gelegentlichen Anbringung eines Ohrs, einer Fußsohle oder der beiden langen »Finger« an der Rüsselspitze beruht.

Es mag überraschen, daß die Stoßzähne mitunter nachlässig ausgeführt wurden. Wahrscheinlich war die angewandte Technik nicht dazu geeignet, dieses Attribut angemessen zu gestalten. Es hat den Anschein, daß man mehrere Lösungen erprobte, freilich mit unterschiedlichem Erfolg. So werden manche Stoßzähne durch eine lange, feine Linie mit vibrierender Strichführung angedeutet, während andere kurz sind und aus Strichsegmenten bestehen. Die einzigen wirklich gelungenen Stoßzähne hat man erhalten, indem man die Lehmschicht abkratzte.

41. Das größte gravierte Mammut in der Achse der Galerie der Großen Decke (Länge: 1,35 m).

42. Eines der Mammuts vom Fries des Roten Salons (Länge: 2,60 m).

43. Die Linienführung bei den Mammuts des Roten Salons (Ausschnitt).

44. Gravierter Vorderkörper eines Wisents in der Galerie Breuil (Länge: 0,45 m).

45. Wisent der Großen Grube (Länge: 0,42 m).

Die Wisente

Was für die Mammuts geltend gemacht wurde, trifft auch für die Wisente zu (Abb. 34), denn hier gibt es ebenfalls zwei Kategorien von Figuren. Allerdings ist ihre Zahl nicht groß genug – es sind insgesamt 28 Darstellungen –, um statistische Vergleiche anstellen zu können. Bei der Behandlung dieses Sujets stoßen wir auf dieselben Strukturen wie bei den Mammuts. Bei den einen ist der Rückenhöcker rund und übertrieben hoch; er wurde im allgemeinen mit einem einfachen Strich gezeichnet und ist wie ein Dutt an der Hinterseite des Schädels angebracht (Abb. 34). Bei den anderen ist der Schulterbuckel mit einer Mähne versehen und bildet eine Art niedriges Rechteck, das auf den Rücken aufgesetzt ist (Abb. 44). Die beeindruckende, wenngleich ein wenig übertrieben dargestellte Muskelmasse, aus welcher der Höcker über dem Widerrist besteht, ist indessen ein zutreffendes morphologisches Detail, das die männlichen Tiere dieser Art von den Kühen unterscheidet. Daher scheint die Annahme begründet, daß mit diesen zwei Typen von Wisentdarstellungen das jeweilige Geschlecht der Tiere angegeben wird. Diese Vermutung ist um so stichhaltiger, als bei mehreren Tieren mit hohem Höcker das männliche Geschlecht ganz eindeutig eingetragen ist. Dies trifft auf den halb gezeichneten, halb gravierten Wisent zu, den wir bereits weiter oben erwähnten, aber ebenso auf den Wisent der Großen Grube (Abb. 45). Die vollständigsten Wisentfiguren der Höhle weisen alle – wie die Mammuts – eine deutliche Eindellung der Rückenlinie auf.

46. Wisentbulle im Schacht (Länge: 0,43 m).

47. Wisentkuh (?) an der Großen Decke (Länge: 1,45 m).

Die Hörner, die entweder mit einem einfachen Strich oder einer Doppellinie wiedergegeben werden, sind stets in derselben Darstellungskonvention gehalten: Der erste, manchmal kaum sichtbare Abschnitt verläuft gerade und krümmt sich dann stark nach oben und vorne. Ein Horn ist vollständig abgebildet, während das zweite vom Schädel teilweise verdeckt wird und nur seine Spitze zu sehen ist. Dasselbe gilt für die Wamme, die grundsätzlich nach vorne ausgerichtet ist. Der Gesamteindruck wird durch die fehlenden oder winzigen Vorderbeine abgerundet, die die Wucht des massigen Vorderkörpers zusätzlich herausstellen.

Der gezeichnete Wisent, der der menschlichen Figur im Schacht gegenübersteht, zählt zu den schönsten Darstellungen der ersten Kategorie (Abb. 46). Er steht fest auf seinen Beinen und zeigt die beeindruckende Vorderpartie eines Bullen, bei dem diesmal auch das Geschlecht abgebildet ist. Er wirkt – was in dieser Höhle selten ist – geradezu belebt, denn sein Schwanz ist steil aufgerichtet, wie man es häufig bei wilden und domestizierten Rindern beobachten kann, insbesondere wenn sie im Galopp die Flucht ergreifen.

Von dieser kleinen Bovidendarstellung unterscheidet sich der große Wisent in der Galerie der Großen Decke (Abb. 47) in grundlegender Weise. Diese Figur ist nahezu vollständig. Sie besitzt ein Auge mit Augenbraue, zwei Hörner, und alle vier Beine sind abgebildet. Der Höcker hingegen fehlt; an seiner Stelle befindet sich eine Art Mähne, die langsam ansteigt und im Bereich des Widerrists in Form eines Kammes ausläuft. Aufgrund des fehlenden Schulterbuckels wirkt die Silhouette ausgeglichen und grazil; sie hebt sich damit deutlich von den Exemplaren der ersten Kategorie ab. Da überdies kein männliches Geschlecht angegeben ist, scheint alles auf eine Wisentkuh hinzudeuten, obgleich die Zitzen, die der entscheidende Beleg wären, nicht wiedergegeben sind.

Wenn man von Wisentdarstellungen spricht, darf der Hinweis nicht fehlen, daß die Gesichtslinie bei mehreren Exemplaren prognathisch verläuft, das heißt, der Oberkiefer vorsteht, daß ferner die Behaarung an der Wamme wie ein Spitzbart gestaltet und das Auge so beschaffen ist, daß ihre äußere Erscheinung einem Menschenantlitz gleicht. Eine Wisentfigur, »Der Pharao« (Abb. 48), ist in dieser Hinsicht besonders aufschlußreich. Handelt es sich hier bloß um einen Zufall, oder steckt hinter dieser Zweideutigkeit nicht vielmehr eine bewußte Absicht, alles in der Schwebe zu lassen? Diese Frage ist nicht eindeutig zu beantworten. Auf jeden Fall scheint festzustehen, daß Mensch und Wisent einander zugeordnet sind, eine Verbindung eingehen, die in der paläolithischen Kunstgeschichte immer wieder aufgegriffen wird. Neben den »Wisent-Frauen« von Pech Merle[2] kennen wir mehrere Bildkompositionen der Wandkunst, in denen Mensch und Wisent eng verbunden sind (Lascaux, Villars). Sie bezeugen die Langlebigkeit einer Allegorie, deren symbolischer Gehalt uns verborgen bleibt.

Die Pferde

Die sechzehn Pferdedarstellungen von Rouffignac bilden eine außerordentlich einheitliche Gruppe (Abb. 49), die sich dadurch auszeichnet, daß der Vorderkörper der Tiere einen nahezu geometrischen Aufbau besitzt (Abb. 50). Dieses graphische Gerüst gleicht einem Pfeil, der aus drei Strichen besteht: die beiden unterschiedlich langen Seitenkanten stoßen in einem Winkel von 45° aufeinander und verlaufen beiderseits einer sehr langen Achse. Diese geht von einem Ohr aus und setzt sich dann in gerader Linie in dem senkrechten Abschnitt des Unterkiefers, in der Brust und dem vorspringenden Brustbein fort. Die kürzere Seitenkante formt das Gesicht, die längere hingegen die Halslinie vom Ohr bis zum Widerrist. Die Nüster wird nachträglich hinzugefügt; sie erinnert an eine Art Hundeschnauze, die für die Pferde von Rouffignac charakteristisch ist. Die restliche Maulpartie, der aufsteigende Unterkieferast und die bärtige Ganasche, die an die Achse des graphischen Gerüsts anschließt, vervollständigen die Figur. Alle Pferde sind darüber hinaus mit einem kurzen, verhältnismäßig plumpen Kopf ausgestattet, wie man ihn bei den meisten paläolithi-

48. Der als »Pharao« bezeichnete Wisent (Länge: 0,70 m).

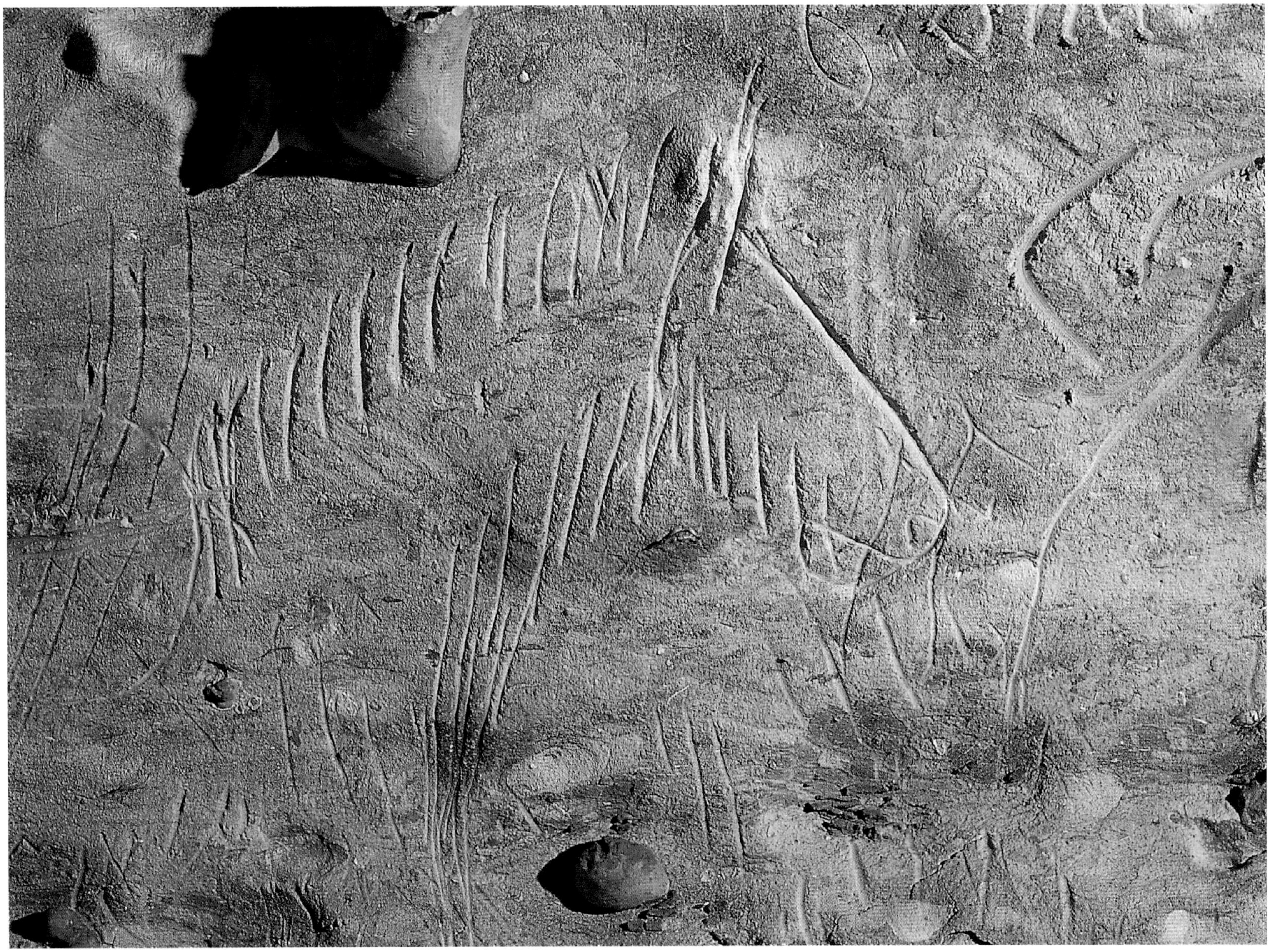

49. Gravierter Pferdekopf in der Nähe des »Patriarchen« in der Galerie Breuil (Länge: 0,38 m).

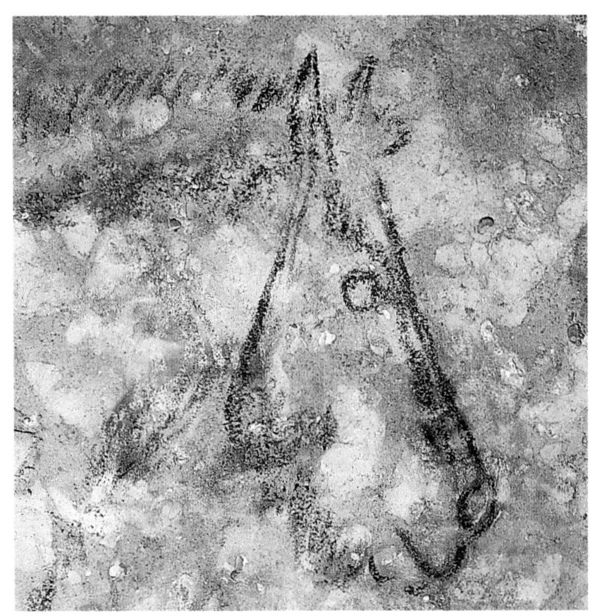

50. Pferd an der Großen Decke (Länge: 1,25 m).

51. Der Kopf des an der Großen Decke in natürlicher Größe wiedergegebenen Pferdes.

schen Darstellungen dieser Art antrifft. Das zweite Ohr, das Haarbüschel auf dem Kopf sowie die Mähne werden anschließend einige Zentimeter über der Halslinie angebracht. Dann folgen die übrigen Körperteile, sofern man es für notwendig erachtete, sie abzubilden. Im Unterschied zum Mammut kann das Pferd nicht so ohne weiteres auf eine einfache Silhouette reduziert werden; hingegen bereitet es keine Schwierigkeiten, die Darstellung nur auf den Kopf zu beschränken. Wie sich zeigt, haben die prähistorischen Künstler von dieser Möglichkeit reichlichen Gebrauch gemacht: Zu wiederholten Malen begnügten sie sich mit einer fragmentarischen Wiedergabe, hielten sie nur ein Element des graphischen Gerüsts fest, das sie dann mit einem oder zwei Details ausschmückten. So ist beispielsweise bei einem der Pferde an der Großen Decke lediglich die Gesichtslinie mit einem Auge, einem Ohr und dem Haarbüschel angegeben (Abb. 52). In diesem Fall reichte es also völlig aus, einen Teil des graphischen Gerüsts zu »zitieren«, um die Figur als solche erkenntlich zu machen.

52. Skizze eines Pferdekopfes (Höhe: 0,16 m).

Ein Pferd ragt durch die ungewöhnliche Art seiner Gestaltung jedoch aus der Gesamtheit heraus. Seltsamerweise hatte dies keinerlei Auswirkungen auf den Stil, in dem es gehalten ist und der mit den anderen Equidendarstellungen vollkommen übereinstimmt. Gemeint ist das sogenannte »große Pferd«, das annähernd in Lebensgröße wiedergegeben ist. Es befindet sich im rechten Bereich des Eingangs zum Bilderwirbel an der Großen Decke und mißt von der Nüster bis zur Schwanzspitze 2,70 Meter. Diese Figur unterscheidet sich vor allem in der Haltung des Kopfes von sämtlichen anderen Darstellungen der Höhle. Anstatt ihn im Profil zu zeichnen, läßt der Künstler das Tier nach rechts blicken. Er erhält diesen Effekt, indem er die Gesichtslinie verdoppelt (Abb. 51). Die Nüster, die Lippen und insbesondere die Falte innerhalb der Ohrmuschel sind mit außerordentlicher Sorgfalt gearbeitet. Der Körper mit jeweils nur einem Vorder- und Hinterbein ist hingegen recht einfach, und dieses unterschiedliche Maß an Ausgestaltung ist wohl die Antwort des Künstlers auf das Problem, das sich aus der Größe der Darstellung ergab. An dieser Stelle betrug der Abstand zwischen Boden und Decke ganze 75 Zentimeter, und daher war es bis zur Umgestaltung der Höhle in jüngerer Zeit nicht möglich, dieses Wandbild in seinem gesamten Umfang zu sehen. Der Urheber des Werks wandte demnach seine Aufmerksamkeit dem Kopf zu, der für sich genommen als ein zusammenhängendes Ganzes erscheint. Für das Gelingen des restlichen Teiles reichte es aus, sich auf eine einfachere Darstellungsweise zu verlegen.

Die Steinböcke

Die insgesamt zwölf Steinbockfiguren versammeln sich alle an der Großen Decke; sie bilden eine Gruppe, in der die Darstellungsweise am meisten variiert (Abb. 53) – sei es nun der Maßstab, die Haltung der Tiere (Abb. 54) oder die Gestaltung von Hörnern und Bart. Es sind allein die kleinen Einzelheiten, die ein Ver-

53. Ausschnitt aus dem Bilderwirbel an der Großen Decke.

54. Zwei über dem Schacht angebrachte Steinböcke (Länge: 0,90 m).

Nächste Doppelseite: 55. Steinbock in natürlicher Größe mit Zicklein (Länge: 1,90 m).

56. Steinbock (Länge: 0,70 m).

wandtschaftsband zwischen den Figuren knüpfen, so etwa die leichte Auswölbung auf der Stirn, am Ansatz der Hörner, und die starke Krümmung des Rückgrats.

Bei sechs Steinböcken ist der Schwanz völlig übereinstimmend dargestellt: der obere Teil führt die Rückenlinie in einem Knick nach oben fort, während der untere Teil direkt in den Schenkel übergeht, so daß das Schwanzende offen bleibt (Abb. 56). Bei fünf Tieren ist der Schwanz so nach oben gekrümmt, daß er fast den Rücken berührt; dies ist die typische Haltung der männlichen Böcke während der Brunst[3]. Ein Steinbock ist in einem Brustbild wiedergegeben, das wie die Illustration zu einer Fabel anmutet (Abb. 57). Bei vier Steinböcken – darunter ein Zicklein von kräftiger Statur (Abb. 55) und eventuell ein weibliches Tier mit kurzem, geradem Horn – sind nur der Kopf und die vordere Körperhälfte abgebildet; die zweite Darstellung ist jedoch stark in Mitleidenschaft gezogen und schwer zu lesen.

57. Kopf und Hals eines Steinbocks (Höhe: 0,80 m).

Wie bei den Pferden ist auch hier ein Tier in seiner natürlichen Größe wiedergegeben (Abb. 55). Es befindet sich im tiefergelegenen Bereich an der Großen Decke und ist wie das »große Pferd« mit einem sorgfältig gearbeiteten Kopf ausgestattet, während der Rest einfacher gehalten ist. Der an seinem Ende geöffnete Schwanz ist über dem Hinterteil angebracht. Das Vorderbein – der Künstler hat es bei einem belassen – ist wie beim Galopp ausgestreckt und endet am Sprunggelenk, während das einzige Hinterbein in statischer Position verharrt und oberhalb der Hufe abschließt.

Die Nashörner

Das wollhaarige Nashorn (*Rhinoceros tichorhinus*), der Gefährte des Mammuts, findet natürlich in Rouffignac auch seinen Platz. Mit elf Darstellungen nimmt es sogar eine vorrangige Position in der Tierwelt ein, und obwohl diese Zahl zu klein ist, um statistische Vergleiche anzustellen, reicht sie doch aus, um ein einheitliches graphisches Gerüst festzustellen, von dem lediglich zwei der Nashörner an der Großen Decke merklich abweichen. Der Kopf ist in drei Strichen ausgeführt. Die Stirnlinie und der obere Teil des Horns an der Stirnseite kamen in einer einzigen Bewegung zustande. Der untere Teil dieses Hornes sowie die obere Linie des nasalen Hornes entstanden beim zweiten Strich. Mit dem dritten Strich gestaltete man in einem Zug den unteren Teil des nasalen Hornes, die Schnauzenpartie und die Nüster, letztere in Gestalt einer kleinen Schleife

(Abb. 58). Das Figurenensemble zeichnet sich durch eine Reihe gemeinsamer Merkmale aus: Der Kopf liegt sehr tief und wird durch ein nasales Horn betont, das ganz vorne am Schädel angebracht ist und ebenfalls verhältnismäßig tief hinabreicht; der Höcker am Widerrist besitzt übertriebene Dimensionen, und die Rückenwölbung verläuft bei allen Exemplaren in ähnlicher Weise. Wenn wir noch hinzufügen, daß der sehr hohe, gewölbte Schulterbuckel gleichsam die Stirn überragt, so erhalten wir ein Phantombild von sieben dieser Tierdarstellungen.

Auch hier verleiht der Künstler jedem Tier durch die Hinzufügung einiger Details seine unverwechselbare Identität. Wenden wir uns zum Beispiel dem zweiten Nashorn vom Fries der Nashörner zu: Wir erkennen ohne weiteres die einzelnen Bestandteile des Gerüstes, aber es kommen einige zusätzliche Angaben hinzu, die die Einzigartigkeit dieser Figur ausmachen und bezeugen, wie sehr der Künstler mit dieser Spezies vertraut war. Zunächst einmal ist hier das Stirnhorn zu nennen, das außerordentlich entwickelt ist und sich nach vorne krümmt – eine typische Alterserscheinung. Beim nasalen Horn ist sodann etwas unauffälliger eine Abflachung an der Vorderseite herausgearbeitet; es handelt sich dabei um eine Verschleißerscheinung, das durch häufiges Reiben am Boden und Wegräumen von Schnee bei der winterlichen Nahrungssuche entstanden ist (Abb. 60). Der tief herabhängende Bauch und die langen Grannenhaare, die bis zum Boden reichen, verstärken den Eindruck, daß hier ein betagtes Tier abgebildet wurde. Dadurch erhält es nicht nur eine Identität, sondern reiht sich zugleich in eine Gruppe zusammengehöriger Figuren ein. Vergleicht man es hingegen mit den beiden schon erwähnten Vertretern in der Mitte der Großen Decke, so fallen einige signifikante Unterschiede ins Auge. Allenfalls die Plazierung der Hörner und die sehr niedrige Kopfhaltung entsprechen noch einander (Abb. 59). Der Schulterbuckel steigt in fast gerader Linie schräg bis zum Widerrist an, die Hörner sind weit weniger gekrümmt, und ihr verhältnismäßig ebener Rücken senkt sich kontinuierlich. Sie haben nicht mehr den abgerundeten Hinterschenkel ihrer Artgenossen vom Fries, sondern ihre Hinterpartie fällt fast senkrecht zum Bein hin ab. Diese beiden Figuren belegen ihrerseits, daß es in Rouffignac zwei deutlich unterschiedene Typen von Nashorndarstellungen gibt.

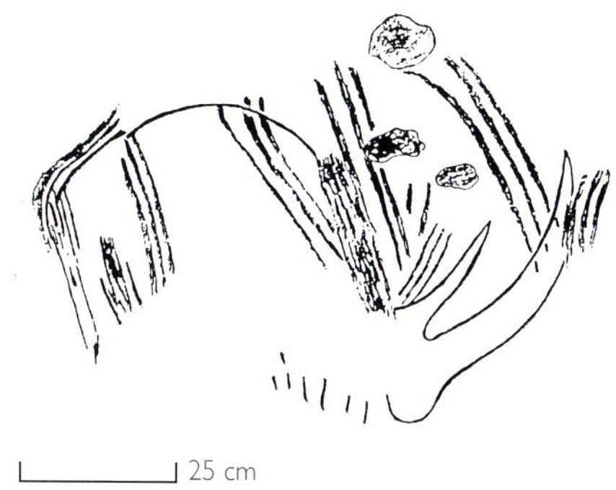

58. Nashorn in der Galerie der Großen Decke. Zeichnung: Jean Plassard.

59. Nashorn in der Mitte der Großen Decke (Länge: 0,90 m).

60. Ausschnitt: Kopf des Nashorns in der Mitte des Nashorn-Frieses.

61. Das »Große Wesen« (Höhe: 0,24 m).

Die Menschen

Ein wenig Anthropozentrismus könnte nicht schaden! Hätten die prähistorischen Künstler nicht vorzugsweise von sich selbst zahlreiche und schöne Bildnisse anfertigen können? Dem ist aber nicht so; in Rouffignac wie in den anderen Bilderhöhlen rangieren die Menschendarstellungen auf den hintersten Plätzen. Dennoch könnte man davon sprechen, daß sie hier eine verhältnismäßig bedeutende Rolle spielen, denn wir kennen immerhin vier Menschenfiguren, die 1,67 Prozent der Werke ausmachen. Bei dreien davon handelt es sich um Gesichter, während die vierte eine Person wiedergibt, die man als vollständig bezeichnen kann. Zwei der Darstellungen sind zu einem Paar vereinigt, das man »Adam und Eva« getauft hat; die beiden anderen stehen isoliert – die eine in den Tiefen der Galerie Henri Breuil, die andere im Schacht in der Galerie der Großen Decke. Diese Figur, das »Große Wesen«, ist im übrigen am sorgfältigsten ausgestaltet (Abb. 61). Im Unterschied zu den anderen ist sie leicht als Menschendarstellung zu erkennen. Sie ist im linken Profil und nahezu lebensgroß gezeichnet; die hohe Stirn springt an der Nasenwurzel vor und geht in die Nase über, deren Spitze plattgedrückt ist. Das Lippenpaar ist gut sichtbar angegeben; es setzt sich in einer

62. »Adam und Eva« (Länge: 1,50 m).

Mundlinie fort, die weit in den Wangenbereich vorstößt. An die Unterlippe schließt sich direkt das sehr flache Kinn an. Das gut plazierte Auge ist extrem geweitet; es besteht aus drei Bögen, die sich an ihren Enden berühren.

»Adam und Eva« (Abb. 62) sind ganz offensichtlich noch grotesker. Bei Adam, der mit 86 Zentimetern recht groß ist, erinnert alles an eine Karikatur. Das beginnt bei der Nase, die stark hochgezogen ist, und dem leicht geöffneten Mund. Die Unterlippe, die auch hier mit dem Kinn verschmilzt, springt klar erkennbar vor und betont die prognathische Gesichtsform. Hinter dem übergroßen Auge könnte ein gekrümmter Strich einen Backenknochen[4], eher vielleicht aber das Ohr wiedergeben. »Eva« ist lediglich 65 Zentimeter hoch und besitzt ein ganz rundliches Gesicht. Die Schädeldecke wölbt sich, die Nase ist rund und übermäßig lang, die Lippen sind ebenfalls rund und plump. Das Auge fehlt, ebenso das Kinn[5]. Halten wir schließlich noch fest, daß trotz der Namen, die man den Figuren bei ihrer Entdeckung gegeben hat, nichts dafür spricht, daß es sich hier um die Darstellung eines Mannes und einer Frau handelt.

Die vierte anthropomorphe Figur ist in der Nähe eines kleinen Schachtes graviert worden, aus dem sie hervorgekommen zu sein scheint. Die Haltung erweckt den Eindruck, als sei hier eine kriechende Person dargestellt. Das Ganze ist äußerst schematisch gehalten, da weder die Gliedmaßen noch der Körper genauer ausgestaltet sind. Der kaum sorgfältiger gearbeitete Kopf erinnert indessen an die vorigen Figuren, da sich der Mund ebenfalls weit in den Wangenbereich erstreckt und das Hinterhaupt fehlt. Obwohl diese Darstellung äußerst knapp und gedrängt ist, enthält sie doch keinerlei Merkmale, die auf ein Tier verweisen könnten. Die Zuordnung zu den Menschendarstellungen ist daher gerechtfertigt.

Der große Mund, das fliehende Kinn, das fehlende Hinterhaupt sowie die Bedeutung, die man der Nase beimißt – all dies sind Eigenschaften, die die vier Menschendarstellungen von Rouffignac in einen gemeinsamen stilistischen Rahmen stellen. Dennoch wäre es verfehlt, hier von einem graphischen Gerüst zu sprechen; es bleibt lediglich die Kunsttechnik der Strichführung, die diese Figuren mit den anderen Darstellungen in der Höhle gemeinsam haben.

63. Der Bär (Länge: 0,40 m). Zeichnung: Jean Plassard.

64. Der »bärtige Kopf« (Höhe: 0,37 m). Zeichnung: Jean Plassard.

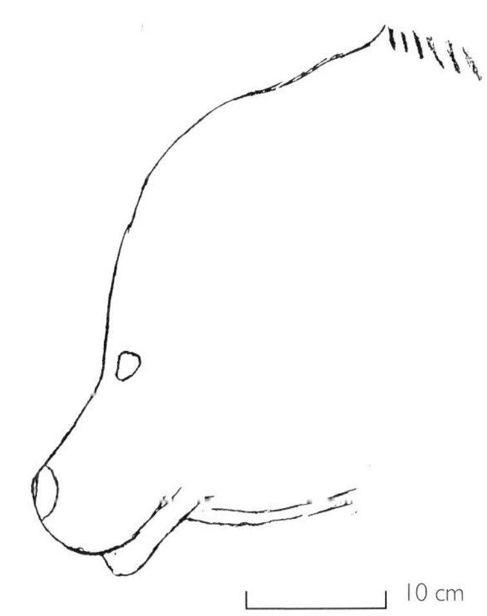

Das Raubtier

Ein Bärenkopf (Abb. 63) ist die einzig erkennbare Darstellung eines Raubtiers in Rouffignac. Es handelt sich um eine feine Gravierung, die sich auf die Wiedergabe des Nackens, der Stirn, des Auges sowie der Schnauzenpartie mit Nase und Maul beschränkt.

Die unbestimmbaren Darstellungen, irrtümlichen Zuweisungen und Mischwesen

Der Rückgriff auf graphische Konventionen, die während des gesamten Jungpaläolithikums unverändert beibehalten worden sind, zählt zu den untrüglichsten Indizien, daß die Darstellungen von Rouffignac tatsächlich der Wandkunst dieser langen Epoche angehören. Die Wiedergabe im Profil ist dabei das grundlegendste Merkmal. Sie zeichnet sich einerseits durch einen Verzicht auf die räumliche Gestaltung aus – wobei die Augen seitlich angebracht und die Hörner oder Stoßzähne häufig verzerrt dargestellt werden –; zweitens durch eine relativ konstante Angabe von Einzelheiten, die der Unterscheidung dienen, zum Beispiel die Wammenbehaarung bei den Wisenten oder die Stehmähne bei den Pferden. Sobald eine Darstellung nicht mehr gemäß diesen Stilkonventionen gestaltet ist, erscheint sie unstimmig, und ihre Einordnung bereitet Probleme. In Rouffignac stößt man viermal auf solche Schwierigkeiten. Da ist zum einen der »bärtige Kopf« (Abb. 64), einer der seltenen Fälle, in denen eine Figur von vorn (*en face*) abgebildet ist. Man hatte sie ursprünglich als Maske interpretiert, vielleicht weil man sie mit dem »Zauberer« aus Les Trois Frères oder der entsprechenden Figur in Gabillou verglich. Die dreieckige Form des Kopfes, die durch einen Bart zusätzlich akzentuiert wird, die großen Augen, die gut in den Bildmittelpunkt gesetzt sind und sich in der Nähe der Nase befinden, sowie die kurzen Hörner sprechen für diese Deutung. Dennoch gilt es zu bedenken, daß Köpfe von Wisenten häufig menschenähnlich dargestellt werden. Wir stehen damit vor einem Grenzfall, und man sollte die Hypothese in Betracht ziehen, daß hier ein Wisent von vorn abgebildet ist. Außerdem sind Mammuts und Wisente mehrmals in isoliert stehenden Gruppen vereint. Die besagte Figur befindet sich nun aber genau zwischen zwei Mammutgravierungen, so daß durchaus einiges für diese zweite Annahme spricht.

65. Komposite Tierdarstellung in der Galerie der Großen Decke (Länge: 1,40 m).

Bei der Entdeckung der Wandbilder hatte man mitgeteilt, man habe zwei Darstellungen von Raubkatzen ausfindig gemacht. Bis vor kurzem hatten die Prähistoriker sehr große Vorbehalte gegenüber »unbestimmten Darstellungen«. Dies hat sich inzwischen geändert. Eine eingehende Untersuchung dieser beiden Figuren läßt uns heute zu der Überzeugung gelangen, daß eines dieser Bilder aus dem Inventar der Darstellungen gestrichen werden muß, da es sich hier um ein Zusammenspiel natürlicher Linien und Felsbildungen handelt. Bei der zweiten Figur (Abb. 65) deutet lediglich der lange, hin und her peitschende, von der Kruppe ausgehende Schwanz auf eine Raubkatze hin, während der Höcker am Widerrist eher an einen Bären erinnert. Die kräftige Körpergestalt, die zu beiden Tierarten paßt, sowie das Fehlen jeglicher Details im Schädelbereich sprechen vielmehr dafür, daß wir es hier mit einem »kompositen Tier« zu tun haben, das heißt mit einer Darstellung, die morphologische Merkmale verschiedener Tierarten in sich vereinigt[6]. Das ist nicht weiter überraschend, denn an anderen Stätten mit prähistorischer Kunst – zum Beispiel Les Trois Frères in der Ariège, Pech-Merle im Lot und Lascaux – finden wir diesen Typus, die absichtliche Vereinigung nicht zusammengehörender Bildelemente, ebenfalls vor[7].

Eine weitere Darstellung, die zu den kleinsten der Höhle zählt, konfrontiert uns mit demselben Problem (Abb. 66). Es handelt sich um einen Kopf, dessen verlängerte Stirnlinie und übergroße Maulpartie an einen Elch denken lassen. Da das Geweih fehlt, das für eine zweifelsfreie Zuweisung ausschlaggebend wäre, kann man diese Figur nur zu den unbestimmbaren Darstellungen einordnen.

Ebenso verhält es sich mit einer Darstellung, die am weitesten vom Höhleneingang entfernt ist und die man als »Saïga-Antilope« bezeichnet hat (Abb. 67). Die Form des Geweihs (oder des Horns) erinnert an ein Rentier, während die Schnauzenpartie auf eine Saïga-Antilope oder vielleicht sogar auf einen Steinbock zu verweisen scheint. Auch diese Figur sollte man den unbestimmbaren Darstellungen, ja eventuell den Mischwesen zuschreiben.

Wenn man in Erwägung zieht, mit welcher Ausdruckskraft die paläolithischen Künstler ihre Werke in der Regel gestalteten, so stellt sich bei den letzten beiden Darstellungen die Frage, ob sie ihren Gegenstand überhaupt näher kannten. Sind die unbeholfen ausgeführten Figuren wie die beiden Pseudo-Cerviden »Elch« und »Saïga-Antilope«, die man nicht anders als zu den unbestimmbaren Darstellungen zählen kann, nicht einfach ein Beleg dafür, daß man sie nur gelegentlich zu Gesicht bekam oder aus zweiter Hand von ihnen hörte, daß man sie also zu schlecht kannte, um sie naturgetreu abbilden zu können?

Die abstrakten graphischen Ausdrucksformen

Die äußerst zahlreichen Mammutdarstellungen haben seit den ersten Tagen der Entdeckung den Blick darauf verstellt, welchen bedeutenden Rang die abstrakten graphischen Gebilde im Labyrinth von Rouffignac einnehmen. Diese rätselhaften Formen können hier in vier unterschiedliche Gruppen zusammengefaßt werden, die getrennt betrachtet werden sollen.

An erster Stelle sei auf die Vielzahl der mit Fingern gezogenen, mäanderförmigen verschlungenen Linien hingewiesen, die man häufig als »Makaroni« bezeichnet (Abb. 68). Man findet sie in den meisten mit Darstellungen versehenen Galerien von Rouffignac; dort nehmen sie gewaltige Flächen ein, die sich insgesamt auf rund 500 Quadratmeter belaufen.

66. Mutmaßliche Darstellung eines Elches (Länge: 0,25 m).

67. Die sogenannte Saïga-Antilope (Länge: 0,85 m).

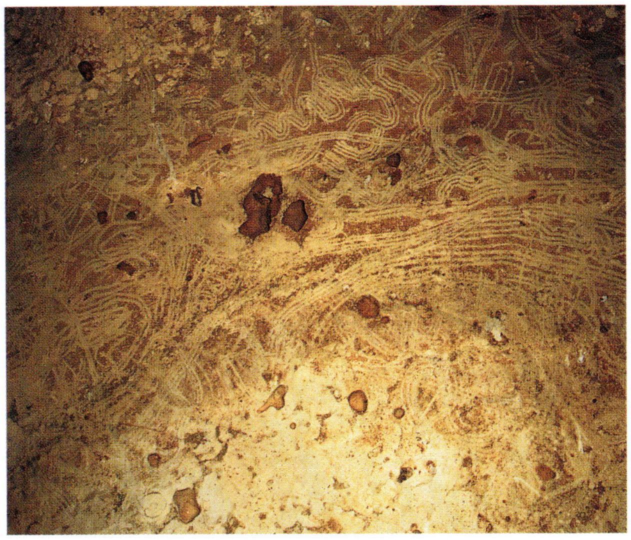

68. Bildfeld aus mit Fingern gezogenen Linien an der Decke mit den schlangenförmigen Linien.

69. Ansammlung von mit Fingern gezogenen waagrechten Linien (Länge: 1,20 m).

70. Tectiformes (dachförmiges) Zeichen in der Galerie der Großen Decke (Länge: 0,40 m).

71. Das größte tectiforme Zeichen der Höhle (Länge: 1,33 m).

Andere mit Fingern gezogene Linien durchlaufen ebenfalls die Galerien. Sie bilden kleine Anhäufungen, sind in parallelen Streifen angeordnet, in Bündeln, Fischgrätenmustern oder in sorgfältig angebrachten Mäandern (Abb. 69). Manchmal sind sie bestimmten Mammutdarstellungen zugeordnet (Abb. 22).

Die dritte Gruppe setzt sich aus tectiformen (dachförmigen) Zeichen zusammen. Wie ihr Name bereits anklingen läßt, sehen diese geometrischen Figuren wie ein schematisch gehaltenes Dach mit beidseitiger Schräge aus. Es ruht auf einem senkrechten Mast, der seinerseits in einer waagerechten Basis verankert ist (Abb. 70). Dieses Grundprinzip kann weiter variiert werden, etwa durch die Anbringung von Seitenwänden oder die Verdoppelung der Dachschrägen (Abb. 71). Diese Zeichen, insgesamt vierzehn an der Zahl, weisen die Wandkunst von Rouffignac einem recht eng gezogenen geographischen Gebiet zu, denn die Kombination Mammut/tectiforme Zeichen gibt es ansonsten nur noch in den Höhlen Bernifal, Les Combarelles und Font-de-Gaume, die alle nur etwa zehn Kilometer von Rouffignac entfernt sind.

Bleibt noch die vierte Gruppe, in die wir alle gravierten und gezeichneten Striche oder apostrophenähnliche Gebilde einordnen, die bei verschiedenen Tierdarstellungen anzutreffen sind. Man findet solche häkchenförmige Gebilde auf einem der Mammuts von der Großen Grube (Abb. 72), auf den Nashörnern vom Fries der Nashörner sowie auf einigen Mammuts an der Großen Decke.

72. Mammut der Großen Grube. Man beachte die Vorderbeine in Schrittstellung (Länge: 1,35 m).

Rechte Seite:
73. Die Schlange an der Decke mit den schlangenförmigen Linien (Länge: 0,95 m).

Die Schlange

Darstellungen der Wandkunst kennt man mittlerweile von ungefähr 350 Höhlen oder Freilandstätten. Man trifft dort hauptsächlich große Säugetiere an, während die Nager, Vögel, Insekten, Fische und Kriechtiere entweder nur selten vorkommen oder gänzlich fehlen. Das Themenspektrum von Rouffignac paßt genau in diesen Rahmen, obgleich man geltend machen könnte, daß die Welt der Reptilien hier berücksichtigt worden ist: denn unter den unzähligen, mit Fingern gezogenen Linien, von denen soeben die Rede war, befinden sich einige, die auf ganz besondere Weise ausgestaltet worden sind. Ein Großteil der mäanderförmigen Linien entstand, indem man mit den Kuppen von zwei, drei oder vier Fingern gleichzeitig über die Wandoberfläche strich; aber einige solcher parallel verlaufender Doppellinien wurden nacheinander angebracht. Hier handelt es sich nicht mehr um einfache »Mäander«, sondern tatsächlich um eine Figur, welche die typische Fortbewegungsweise einer Schlange sorgfältig zum Ausdruck bringt. Ein Ende dieser Figuren ist manchmal sogar etwas verdickt und läßt so an einen Schlangenkopf denken (Abb. 73). Nun verhält es sich jedoch so, daß diese Schlangen ausschließlich mit den Fingern gezogen worden sind, während bei den anderen Tierdarstellungen mehrere Techniken zur Anwendung kamen. Es stellt sich demnach die Frage, ob der Eindruck, hier handle es sich um eine Schlange, nur zufällig hervorgerufen wird oder ob vielmehr alle mäanderförmigen Linien Schlangen bedeuten. In diesem Fall wäre die »Höhle der Mammuts« freilich viel eher eine »Höhle der Schlangen«!

VERZEICHNIS DER DARSTELLUNGEN

Themen	Anzahl	in Prozent
Mammut	158	62,00
Wisent	28	11,00
Pferd	16	6,35
Steinbock	12	4,79
Nashorn	11	4,10
Bär	1	0,40
Mensch	4	1,67
Schlange (?)	6	2,45
Tectiforme Zeichen	14	5,57
Unbestimmte	4	1,67
insgesamt	254	100,00

Mit Fingern gezogene mäanderförmige Linien: 500 m^2

Eine eigene Bildwelt

Die Darstellungen von Angesicht zu Angesicht

An den Wänden der Höhlen findet man häufig Tierfiguren, die so angebracht sind, daß sie einander gegenüberstehen. Die Steinböcke von Roc-de-Sers und Lascaux sowie die Rentiere von Font-de-Gaume und Les Combarelles sind Beispiele für diese Darstellungsweise, die, wie man immer wieder annahm, das Aufeinandertreffen von Kontrahenten zeigt. Louis-René Nougier und Romain Robert zeigten sich schon in den ersten Stunden ihrer Entdeckung davon überrascht, wie oft dieses Thema in Rouffignac aufgegriffen wurde. Die sich gegenüberstehenden Mammuts sind so zu einem Sinnbild der Höhle geworden.

Zweifelsohne handelt es sich hier um das wichtigste Kompositionsschema der Höhle. Adam und Eva sind *face à face* abgebildet, die Wisente nehmen fünfmal, die Mammuts elfmal diese Stellung ein. Wenn man berücksichtigt, wie sehr man diesen Kompositionsmodus bei einer Vielfalt von Themen variierte, dann dürfte klar sein, daß hier nicht allein eine Konfrontation rivalisierender Tiere wiedergegeben wurde. Außerdem muß man einräumen, daß es in der Behandlung dieses Sujets einen weiten Spielraum gibt und die einander gegenüberstehenden Wesen im allgemeinen nicht das geringste Zeichen von Aggressivität erkennen lassen. Adam und Eva wirken vielmehr heiter, und die Mammuts, um welche es sich auch handeln mag, bekunden eher eine majestätische Gelassenheit. Lediglich bei den Wisenten wechseln die Haltungen häufiger. An der Großen Decke scheinen sie zweimal in Passivität zu verharren, während in zwei anderen Fällen an derselben Stelle ein Wisent eine dominante Haltung gegenüber seinem Artgenossen einnimmt. Im Schacht scheint der Wisent mit dem aufgerichteten Schwanz (Abb. 46) es mit einem anderen Bullen aufnehmen zu wollen. Hier könnte eine richtige Szene dargestellt sein, die einzige, wo man zu Recht von einer Konfrontation sprechen könnte.

Ansonsten stößt man nirgendwo auf die bildliche Wiedergabe von tatsächlichen oder irrealen Ereignissen, bei denen der Begriff der Rivalität angemessen wäre. Viel treffender scheint es uns, von einem Gegenüber (*vis-à-vis*) zu sprechen, das der Bedeutung dieser Darstellungsweise keinerlei Abbruch tut. Im Gegenteil, ihre ständige Wiederholung ist der Beweis, daß hier eine Ideenwelt jenseits des alltäglichen Verhaltens und einfacher Interaktion vermittelt wird, eine Botschaft mit symbolischem Gehalt. Hier handelt es sich um eine Art von verschlüsseltem Text, aber uns fehlt der Code, um ihn zu enträtseln. Dem Gesamtcorpus der Darstellungen liegt demnach ein durchstrukturiertes Gedankensystem zugrunde, das zugleich Bedeutungsträger ist und in das sich die einander gegenüber angebrachten Figuren einfügen.

74. Die Decke im Roten Salon.

Nächste Doppelseite:
75. Der Fries der zehn Mammuts (Länge: 9 m).

Die Friese

Unter einem Fries verstehen wir eine Ansammlung graphischer Elemente, die sich durch eine Abfolge von Themen, eine einheitliche Gestaltung, einen erkennbaren kompositorischen Willen, einen thematischen Zu-

sammenhang sowie durch einen gleichartigen Maßstab auszeichnet. So verstanden, nimmt der Fries unter den Bildwerken von Rouffignac eine Stellung ersten Ranges ein, denn wir kennen insgesamt acht Ensembles, die diesen Kriterien entsprechen. Es sei im übrigen daran erinnert, daß der architektonische Aufbau der Galerien mit großer Wahrscheinlichkeit eine entscheidende Rolle bei der Entstehung der Friese gespielt hat. Die in parallelen Bänken angeordneten Feuersteinknollen sowie die horizontale Felsstufe, die eine Art Sims bildet, schufen einen länglichen Rahmen, in den sich die hintereinander angeordneten Tiere wie selbstverständlich einfügten. Daher waren die Künstler nicht darauf angewiesen, andere Darstellungsprinzipien in Erwägung zu ziehen. Es steht außer Frage, daß dieser Aufbau von vornherein beabsichtigt war.

Der Fries der zehn Mammuts

In diesem Ensemble sind die fünf zuvor erwähnten Kriterien unstrittig am besten umgesetzt worden (Abb. 75). Der Wandabschnitt erstreckt sich hier auf neun Meter Länge und ist in zwei große Einbuchtungen untergliedert, die durch eine Felswölbung voneinander getrennt werden. Der Rahmen stand zur Verfügung, harrte seiner Nutzung, und der Künstler war sich dessen bewußt. Er benötigte zehn Mammuts, um diesen Raum auszufüllen. Er verteilte die Tiere auf zwei Gruppen, deren Größe sich nach dem Ausmaß der jeweiligen Einbuchtung richtete. Rechts befinden sich sechs Mammuts, auf der linken Seite vier, und die beiden Herden begegnen sich genau an der zentralen Felswölbung. Jede Herde weist ihrerseits eine sorgfältig erwogene Anordnung auf. Rechts drängen sich fünf etwas kleiner gehaltene Dickhäuter zu einer Gruppe zusammen; ihre Darstellungen überlagern sich, während das sechste Tier klar erkennbar abgesondert wurde. Auf der linken Seite trotten drei etwas größere Mammuts friedlich hintereinander her, während das vierte, das durch seine unförmigen Stoßzähne wie behindert erscheint, sich abseits hält. Die Komposition ist vollständig gelungen. Das Zusammentreffen in der Mitte sowie die an beiden Enden deutlich abgesetzten Tiere sind Ausdruck einer Symmetrie, die durch die unterschiedliche Herdengröße sowie kleine Details an einzelnen Mammuts durchbrochen wird. Es kann kein Zweifel daran bestehen, daß alles gründlich bedacht und genau geplant wurde, bevor man an die Ausführung dieser Bildkomposition – man sollte sie eine Bildtafel nennen – ging. Hier sind keine eigentlich erzählerischen Momente zu erkennen, vielmehr könnte man fast von einem »Stilleben« reden, in dem der konstruktive Aufbau Vorrang besitzt.

Der Fries der drei Nashörner (Abb. 28)

Einige Meter weiter vorn befindet sich ebenfalls auf der rechten Wand der Galerie Breuil eine Einbuchtung von ungefähr vier Metern Durchmesser, in der drei Nashorndarstellungen Platz gefunden haben. Die Komposition ist demnach wesentlich einfacher. Die drei Tiere erwecken den Eindruck, als ob es sich um einen Familienverband handelte. Ein Jungtier mit kaum entwickeltem Fell und von zierlichem Äußeren geht vor zwei alten Nashörnern her. Bei der ersten Darstellung sind die arttypischen Merkmale ganz unauffällig gehalten; entsprechend streng und knapp ist seine Gestaltung. Bei den beiden anderen Tieren ist die Last des Alters feinfühlig zum Ausdruck gebracht worden: Sie haben einen massigen Körper, einen übermäßig großen Schulterbuckel, ein verformtes beziehungsweise abgebrochenes oberes (kleineres) Horn, eine niedrigere Kopfhaltung und lange Haare, die bis zur Erde herabhängen. Auch hier wird keine Geschichte erzählt, sondern das Nashorn wird ganz einfach in verschiedenen Lebensaltern vorgeführt.

Der Fries der fünf Mammuts

In diesem Ensemble findet man einige Bestandteile der beiden vorherigen Friese wieder (Abb. 76). Der symmetrische Aufbau ist um einen Feuersteinknollen angeordnet, der aus der Bank von Feuersteineinschlüssen herausragt. Zu beiden Seiten dieser natürlichen Felsbildung sind jeweils zwei Mammuts angebracht worden, so daß senkrecht darüber ein freier Zwischenraum entstand, der mit der Darstellung eines Jungtiers ausgefüllt wurde. Die vier erwachsenen Mammuts sind mit allen Attributen ausgestattet, die ihr fortgeschrittenes Alter erkennen lassen: lange Stoßzähne, dichtes Fellkleid und eine erhabene Erscheinung, während das Säuglingsalter des Jungtiers lediglich durch einige gravierte Haare unter dem Rüssel und den übertrieben hohen Kopf angegeben ist. Auch hier tritt ein Streben nach Ausgeglichenheit deutlich zutage; es resultiert im wesentlichen daraus, daß die fünfte Darstellung der gesamten Bildkomposition ihre Harmonie verleiht.

76. Der Fries der fünf Mammuts (Länge: 3,50 m).

Der Rote Salon

Wenn man auf die Tierfriese zu sprechen kommt, dann darf der gravierte Fries im Roten Salon nicht unerwähnt bleiben (Abb. 74 und 77). Es sei daran erinnert, daß es sich hierbei um eine jener Sackgassen mit niedrigen Decken handelt, wo man sich nur gebückt vorwärtsbewegen kann. Die Decke ist hier vollständig mit einem blutroten Lehmüberzug bedeckt, welcher die Technik des segmentierten, das heißt in Abschnitte gegliederten Strichs erforderlich machte. Die zahlreichen Kuppeln, die über einen Großteil der Höhlendecke verstreut sind, ließen eine für Darstellungen geeignete Fläche von ungefähr dreißig Quadratmetern frei. Sie besitzt die Gestalt eines niedrigen, breiten Rechtecks, so daß eine einfache Abfolge von Tieren wie in den vorhergehenden Fällen diesmal nicht möglich war. Es galt, den ganzen Raum zu benutzen, und daher variierte der Künstler das Thema der Gegenüberstellung, indem er hier ein in Dreiecksform gestaltetes Zusammentreffen schuf (Abb. 78). Anstatt die Figuren auf einer einzigen Ebene anzuordnen, laufen die Mammuts nun aus drei verschiedenen Richtungen auf den Mittelpunkt zu. Zwei von rechts kommende

77. Der Fries im Roten Salon (Länge: 9 m). Zeichnung: Claude Barrière.

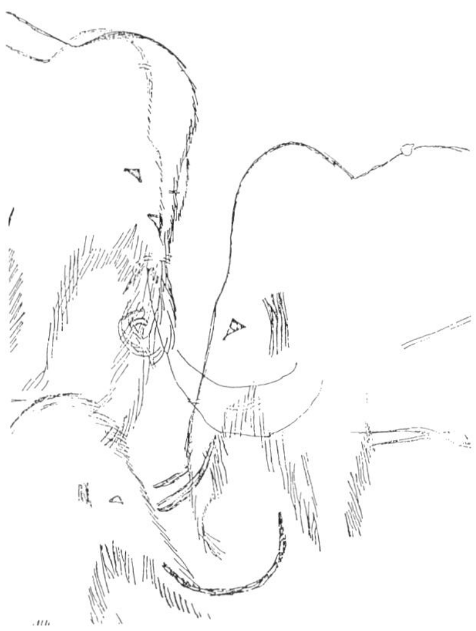

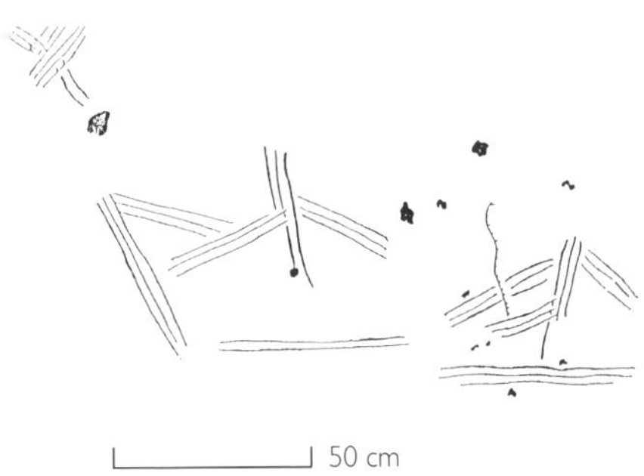

78. Im Roten Salon treffen Mammuts aus drei Richtungen aufeinander. Nach einer Zeichnung von Claude Barrière.

79. Fries der tectiformen (dachförmigen) Zeichen (Länge: 1,45 m). Zeichnung: Jean Plassard.

Tiere folgen der Achse des Gangs. Sie stoßen auf drei andere Mammuts, die schräg von links, also aus der Tiefe der Galerie, auftauchen. Ein letztes Tier gesellt sich schließlich ebenfalls von links herbei, aber diesmal vom seitlichen Rand der Decke.

Die Friese von Rouffignac weisen im allgemeinen ein Merkmal auf, das man mit einer »Harmonie der Körperhaltung« umschreiben könnte, und zwar in dem Sinne, daß die Tiere statisch auf ihren Plätzen verharren. Im Roten Salon hingegen sind die Tiere in Bewegung dargestellt; hier liegt ein echtes Zusammentreffen von Tieren vor, die kurz zuvor noch verstreut durch die Landschaft streiften. Diese Komposition verleiht unserer Definition des Frieses einen zusätzlichen Bedeutungsgehalt, nämlich die Dimension der Belebung. Die – angestrebte oder zufällige? – Wirkung fällt um so überzeugender aus, als die Darstellungen sehr groß sind (zwei Meter im Durchschnitt) und sich aus der Finsternis in den Lichtschein zu drängen scheinen, der die nur hier ebene Oberfläche an der Decke erhellt.

Der Fries der tectiformen Zeichen

In einem der Endgänge, die als Verlängerung von der Galerie Henri Breuil abzweigen, befindet sich ein Fries mit tectiformen (dachförmigen) Zeichen (Abb. 79). Hier eignet sich nur die Decke für die Anbringung von Darstellungen. Auf den ersten fünfzehn Metern weist sie keinerlei Spuren auf, doch dann erscheinen die letzten Figuren dieses Höhlenabschnitts: drei in völlig gerader Linie aufgereihte tectiforme Zeichen, die entlang der Achse des Gangs aufeinanderfolgen. Da diese abstrakten Zeichen gleiche Abstände besitzen, ähnlich aufgebaut sind und auf demselben Untergrund angebracht wurden, kann man die kleine Gruppe mit vollem Recht zu den Friesen zählen. Die Tatsache ist verblüffend genug, um festgehalten zu werden.

Die graphischen Spiele

Selbst wenn die Urheber der Werke von Rouffignac die Darstellungskonventionen genau beachteten, so ließen sie sich doch in ihrer künstlerischen Kreativität nicht beeinträchtigen. Auch die materiellen Beschränkungen und technischen Zwänge, die ein bestimmter Stil ihnen auferlegte, vermochten es nicht, sie in eine Art Zwangsjacke völliger Konformität zu stecken. Zwar fügt sich ihre Ausdrucksweise in einen übergeordneten Rahmen vermutlich allgemein gültiger Regeln ein, aber das hinderte sie nicht daran, sich hier und da einigen Phantasien zu überlassen. Während also im Gesamtaufbau der Bildfelder überlieferte Traditionen Berücksichtigung fanden, tritt in den Darstellungen selbst ein ausgeprägt spielerischer Zug zutage.

Das aufsehenerregendste Beispiel hierfür ist zweifelsohne der »Feuerstein-Kopf« (Abb. 1). Er befindet sich senkrecht über der Kruppe des letzten Tieres vom Fries der drei Nashörner und ist in der Aushöhlung einer Feuersteinknolle verborgen. Nichts an diesem Feuerstein deutet zunächst auf einen »Figuren-Stein« hin. Es bedurfte des ganzen Einfühlungsvermögens eines Künstlers, um hierin einen

Pferdekopf zu erblicken, sodann mit einigen schwarzen Strichen das Auge und die Augenbraue zu zeichnen, das flache Relief und die Mulde der Wangenpartie herauszuarbeiten und schließlich den vorstehenden Wulst der Oberlippe einzutragen. Es brauchte Genie, um diese zufällig entstandene natürliche Oberflächenstruktur in eine echte Skulptur umzugestalten, deren Volumen mit schwarzer Farbe zur Geltung gebracht wird.

Bei anderen Gelegenheiten hat der Künstler mit der Bildplazierung gespielt, so etwa bei einem gravierten Mammut in der Galerie Henri Breuil: Die kantige Spitze einer Feuersteinknolle fügt sich hier exakt in die Einsattelung im Nackenbereich des Tieres ein (Abb. 81). Dasselbe Phänomen ist bei einem Exemplar von den »Mammuts der Entdeckung« zu beobachten (Abb. 23). In diesem Fall ist die Figur um eine kleine Feuersteinkugel angeordnet, die an die Stelle des Auges tritt. Beide Male war die zur Verfügung stehende Wand keineswegs so beschaffen, daß die Darstellungen ausschließlich an den besagten Stellen hätten angebracht werden müssen. Nichts wäre dem Vorhaben entgegengestanden, die Figur nach rechts, nach links oder sogar nach unten zu rücken. Der Aufbau des Bildfeldes wäre insgesamt dadurch nicht beeinträchtigt worden. Die Wahl des Standorts war demnach beabsichtigt und stellte eine gewisse Herausforderung dar, denn die Anbringung des Werkes an dieser Stelle erforderte mehr Geschick und Kunstfertigkeit.

Noch subtiler ist das Auge jenes Pferdes, das sich als alleinstehende Figur in einer Sackgasse befindet (Abb. 80). Hier bilden eine kleine versteinerte Muschel und eine näpfchenartige Vertiefung in der Wand jeweils das Auge. Der Gang ist an dieser Stelle so eng, daß man die Gravierung nicht direkt von vorn, sondern nur schräg von der linken oder rechten Seite betrachten kann. Je nach Blickwinkel ersetzt das eine oder andere natürliche Detail der Felsoberfläche das Auge der Tierdarstellung. Da dieser Ort nur aus einer Richtung zugänglich ist, muß man sich gezielt bis ans Ende des Stollens begeben, damit der entsprechende Effekt aus der zweiten Blickrichtung eintritt. Auch hier hat der Künstler ohne jeden Zweifel die sich ihm darbietende Gelegenheit ergriffen, zwei Pferde in einer einzigen Figur darzustellen. Dies setzte freilich voraus, daß er zuvor nach geeigneten Stellen gesucht hatte, von denen aus man das Werk betrachten konnte.

Manchmal kommt es sogar vor, daß man die Darstellungen mit einem humorvollen Augenzwinkern präsentierte, beispielsweise bei zwei einander gegenüberstehenden Mammuts (Abb. 40). Das linke Tier ist den üblichen Konventionen entsprechend gestaltet, das heißt, es ist im Profil mit zwei nach vorn gerichteten Stoßzähnen dargestellt. Sein Artgenosse auf der rechten Seite ist zwar ebenfalls im Profil wiedergegeben, aber er besitzt Stoßzähne, die an einen Schnurrbart erinnern: der erste zeigt nach vorne, während der zweite sich über seine Flanke herunterbiegt. Dieser eklatante Verstoß gegen die Regeln der Perspektive – der übrigens immer wieder in der Höhle anzutreffen ist – geht nun keineswegs auf eine Unbeholfenheit des Künstlers zurück. Die Mißachtung dieser Regel ist vielmehr eine Posse, ein Scherz, mit dem man vielleicht andeuten wollte, daß sich die Stoßzähne dieser beiden Tiere ineinander verschränkt hatten. Auch das »Mammut mit dem schelmischen Auge« zeichnet sich durch einen Hauch von Ironie aus (Abb. 39). Schon die Stoßzähne, die so viel Platz wie der gesamte restliche Körper einnehmen, und der übertrieben hohe Kopf machen auf Anhieb klar, daß hier etwas Besonderes vorliegt. Diese »Grenzüberschreitungen« würden dennoch nicht so sehr ins Gewicht fallen, wenn nicht sein rundes Auge zusätzlich durch eine elegante Tränenkarunkel hervorgehoben würde, so daß man meinen könnte, dieses Mammut mustere mit spöttischem Blick seine Umgebung.

Diese Einzelheiten vermitteln nicht nur einen Eindruck vom hintergründigen Humor zu paläolithischer Zeit, sie geben vielmehr Auskunft über eine spezifische Geisteshaltung. In unserer Vorstellung ist die unterirdische Welt ein Hort des Unheimlichen, ein wenig Grusligen; daran haben neben der undurchdringlichen Finsternis ihre Enge wie die Weite, ihre Stille wie die Geräusche und Echos ihren Anteil. Folglich könnte man davon ausgehen, daß die mit einfachen Fackeln und Talglampen ausgerüsteten Menschen der Frühzeit sich davor ängstigten, in diese Bereiche vorzudringen und dort Tätigkeiten zu verrichten, die ohne ein Mindestmaß an Konzentration nicht gelingen konnten. Die graphischen Spielereien beweisen das genaue Gegenteil. Offenkundig hatten sich die Menschen, die solche Stätten aufsuchten, ganz wohl in ihrer Haut gefühlt. Die Behendigkeit der Gesten sowie die Sicherheit der Linienführung, die man allerorten antrifft, zeugen von einer heiteren Gelassenheit.

80. Graviertes Pferd, dessen Auge von zwei natürlichen Vertiefungen der Felswand gebildet wird (Länge: 0,50 m).

Akademismus und Kreativität

Wenn man sich die Beschreibung und Bestandsaufnahme der Darstellungen in Rouffignac nochmals vor Augen führt, dann kommen einem mehrere Worte in den Sinn: **Übertreibung** und **Ausnahme** beim Mammut und bei den Liniengebilden, die André Leroi-Gourhan mal als Mäander, mal als schlangenförmige Figuren bezeichnet; **Einförmigkeit**, wenn man sich auf die einheitliche Darstellungsweise bezieht; **Schematismus**, wenn man die Strichzeichnung als eine untergeordnete Ausdrucksform betrachtet, aber ebenso **Modernität**, wenn man bedenkt, mit welch geringfügigen Mitteln man diesen Werken ihre Aussagekraft verlieh. Es ist wirklich nicht schwer, mehrere Argumente für diese Attribute anzuführen, mit denen der Ausnahmecharakter dieser Darstellungen umrissen und zugleich die Verlegenheit erklärt wird, die nach ihrer Entdeckung im Jahre 1956 um sich griff, denn bis dahin war man der Ansicht, die paläolithische Wandkunst beruhe auf festen und unveränderlichen Prinzipien. Seit der Entdeckung der Grotte Cosquer und in noch jüngerer Zeit der Grotte Chauvet wissen wir jedoch, daß dem nicht so ist.

Übertreibung oder Ausnahme?

Es steht außer Frage, daß eine solche Überfülle von Mammutdarstellungen bis zum heutigen Tage nirgendwo sonst anzutreffen ist. Diese Dominanz ist jedoch nicht so außergewöhnlich, wie es zunächst den Anschein hat: Denn selbst wenn man in Rechnung stellt, daß die Mammuts von Rouffignac die Hälfte aller dieser Darstellungen in der bislang bekannten prähistorischen Kunst ausmachen, so sollte man doch nicht vergessen, daß es im Périgord fünfzehn Höhlen mit Abbildungen dieser Tiere gibt. Man maß diesem Thema hier also eine eminente Bedeutung bei, und die Wandkunst unserer Höhle reiht sich infolgedessen ohne weiteres in den ikonographischen Rahmen der Region ein. Wenn es eine Überschreitung des allgemein üblichen Themenrepertoires war, so doch sicherlich keine Ausnahme. Das Mißverhältnis zwischen der Vielzahl der Mammutfiguren und den äußerst seltenen Knochen dieser Tiere im Périgord vermag hingegen schon mehr zu überraschen. Man kann also nicht behaupten, die Mammutfriese in der Höhle seien die bildliche Wiedergabe langer Reihen von Mammuts, die einst friedlich in den Tälern der Umgebung ästen. Eine solche Diskrepanz zwischen dem tatsächlichen Vorkommen der Tiere und der Anzahl der Darstellungen ist im übrigen nichts Neues; man denke nur daran, wie häufig die Knochen vom Ren in den Nahrungsresten der magdalénienzeitlichen Menschen vorkommen und wie verhältnismäßig selten es in der Höhlenkunst dargestellt wurde. Hier liegt einmal mehr der Beweis vor, daß die Menschen in ihrem alltäglichen Leben wie in ihrem Kunstschaffen eine bestimmte Auswahl getroffen haben. Die Schwierigkeit besteht nur darin, herauszufinden, welche Kriterien für sie dabei maßgeblich waren. Im vorliegenden Fall spricht alles dafür, daß die Mammuts – deren Bejagung wir nicht positiv belegen können – im Glaubenssystem eines sozialen Verbands eine herausragende Rolle spielten, ohne daß wir dies freilich näher erläutern könnten. Daß sie in der Wandkunst von Rouffignac so häufig anzutreffen sind, scheint demnach eine lokale, vielleicht zeitlich beschränkte Besonderheit zu sein.

Verblüffender ist der Befund, daß die mit Fingern gezogenen Linien die Höhlenwände geradezu überwuchern. Diese abstrakte graphische Ausdrucksform ist aus zahlreichen anderen paläolithischen Bilderhöhlen bekannt, aber nirgendwo sonst hat sie die anderen Darstellungen so sehr in den Hintergrund gedrängt wie hier. Wenn man schon von Ausnahme oder Übertreibung sprechen will, dann ist es bei diesen schlangenförmigen Linien ganz besonders angebracht.

Henri Breuil war der erste, den dies in Erstaunen versetzte, und zwar bereits nach seinem ersten Besuch in der Höhle. Bis dahin hatte er den Standpunkt vertreten, diese »Makaroni« – die Bezeichnung stammt von ihm – seien die früheste graphische Ausdrucksweise der Menschen gewesen. Wie er hinzufügte, hätten sie in diesen zufällig entstandenen Liniengebilden Silhouetten von Tieren entdeckt und seien so auf die Idee gekommen, diese nachzubilden; damit habe die Stunde der gegenständlichen Kunst geschlagen. Seine Darlegung stützte sich auf die Tatsache, daß in den von ihm untersuchten Höhlen, die solche graphischen Formen enthielten, die figürlichen Darstellungen im allgemeinen die Makaroni überlagerten und sich durch ihre archaischen Züge auszeichneten. Hier sei angemerkt, daß in jüngerer Zeit vorgenommene Datierungen in Höhlen, in denen Handdarstellungen und mit Fingern gezogene Linien vorkommen, Henri Breuil recht geben, denn sie besitzen tatsächlich ein hohes Alter. In Gargas in den Hautes-Pyrénées sowie für

81. Gravierung eines Mammuts, dessen Nackeneinbuchtung der Kontur einer Feuersteinknolle folgt (Länge: 1 m).

in der Grotte Cosquer bei Marseille hat man für diese Motive mittels Radiokarbondatierung ein Alter zwischen 24 000 und 25 000 Jahren vor Beginn unserer Zeitrechnung ermittelt[1].

In Rouffignac sind die mit Fingern gezogenen Linien sowohl vor als auch nach den Tierfiguren angebracht worden; die Darstellungen sind in ihrer Gesamtheit folglich im selben Zeitraum entstanden. Überdies läßt der entwickelte Charakter der figürlichen Kunst keinen Zweifel daran bestehen, daß die Werke »jung« sind, das heißt mit Gewißheit im Magdalénien anzusiedeln sind. Hier liegt also ein bislang recht ungewöhnlicher Befund vor, der mit der Theorie von Henri Breuil nicht vollständig in Einklang zu bringen ist. Wenn die »Makaroni« tatsächlich die erste graphische Ausdrucksform gewesen sind – und das ist durchaus möglich –, dann bedeutet dies keineswegs zwangsläufig, daß sie verschwanden, sobald die figürliche Kunst auftauchte. Von dem Augenblick an, in dem auch sie symbolisches Gedankengut vermittelten, bestand kein Anlaß, auf sie zu verzichten. Ihre Gegenwart bestätigt lediglich, daß die paläolithische Wandkunst in der Tat ein und derselben Tradition angehört, die über zwanzig Jahrtausende hinweg anhielt. Dabei gilt es zu bedenken, daß »Tradition« nicht gleichbedeutend mit Stagnation ist. Jede Tradition nimmt nach und nach neue Bestandteile in sich auf, und mit fortschreitender Zeit verblaßt ihr ursprünglicher Gehalt, er verliert seine Konturen unter der Vielzahl von Neuerungen. Deshalb kann man mit Fug und Recht davon ausgehen, daß das zeitgleiche Auftreten von ursprünglichen »Makaroni« und einer äußerst elaborierten Kunst sich vorzüglich mit einer lang andauernden Tradition verträgt, was freilich nicht heißen soll, daß die Mäanderlinien von Rouffignac in jeder Hinsicht dasselbe bedeuteten wie die »Makaroni« von Gargas, der Grotte Cosquer oder jeder anderen Höhle.

Einförmigkeit, Schematismus und Modernität

Hinter den Begriffen »Einförmigkeit« und »Schematismus« verbirgt sich vielleicht ein Sachverhalt, den man oft nur zögerlich anspricht: Spezialisierung oder auch Professionalismus. Mangels stichhaltiger Beweise nimmt man gewöhnlich zu einem Plural Zuflucht und sagt: die prähistorischen Menschen… Hier sei deutlich ausgesprochen, daß die einheitlich gestaltete Wandkunst in dieser Höhle nur das Werk einer sehr kleinen Anzahl von Menschen gewesen sein kann. Wir können freilich nicht belegen, daß es nur einer, zwei oder drei gewesen sind, aber die ausschließliche Verwendung schwarzen Farbpigments, die karikaturenhafte Gestaltungsweise sowie die Spontaneität der Strichführung und ihre außerordentliche Wirksamkeit scheinen allesamt darauf hinzudeuten, daß die Darstellungen mit einer Handschrift an die Wand geworfen wurden, wie es wahrscheinlich nur wenige Künstler vermochten. Fügen wir hinzu, daß die Mammuts, Wisente und in gewisser Weise auch die Nashörner nach einem recht ähnlichen Muster aufgebaut sind. All dies spricht zwingend dafür, daß diese Wandkunst nicht über lange Zeiträume hinweg entstanden ist, sondern im Gegenteil in kurzer Frist angebracht wurde. Soll man nun von Jahren, Jahrzehnten oder Jahrhunderten reden? Wir denken, eher von Jahren.

Die Nashörner, Pferde und anderen Tierfiguren vermitteln einen nachhaltigen Eindruck von Modernität; man ist von der reinen Kalligraphie direkt zur regelrecht verkürzten Darstellungsweise übergegangen. Oft sieht es so aus, als habe man, anstatt ein lebendiges Tier in Fleisch und Blut abzubilden, einfach geschrieben: Mammut, Steinbock usw. … Zwar gab es ein Modell, aber das war gewissermaßen nur ein Vorratslager, aus dem man sich je nach Bedarf mit mehr oder weniger Einzelteilen eindecken konnte. In zwei Fällen krümmen sich die Hörner beim Nashorn in die entgegengesetzte Richtung, und zweimal hat man im selben Fries ein Mammut mit überkreuzten Stoßzähnen dargestellt (Abb. 20). Abgesehen von dieser Wiederholung sind alle anderen Figuren unterschiedlich ausgestaltet worden. Hier liegen ganz offenkundig zwei deutlich ausgeprägte, einander ergänzende Komponenten der prähistorischen Kunst vor.

Es hat den Anschein, daß der ständige Kontakt mit der Tierwelt sich in zweierlei Form in den Künstlern niederschlug: zum einen hatten sie eine übergreifende Sicht der jeweiligen Art zu einem stereotypen geistigen Bild verarbeitet, andererseits haben sie sich eine gewisse Anzahl individueller Besonderheiten und Anomalien eingeprägt. Die allgemeine Sichtweise ist wie eine Schaufensterpuppe, die es einzukleiden gilt; sie entspricht dem graphischen Gerüst, von dem weiter oben die Rede war. Die auffälligen Merkmale eines einzelnen Tieres sowie die Mißbildungen sind eben jenes Vorratslager, mit dessen Einzelstücken man die Puppe ausstaffiert. Sie können in Ruhe ausgewählt werden, und es kann geschehen, daß eine Anomalie sich mehrmals wiederfindet, ohne daß sich die entsprechenden Figuren deswegen glichen. Tritt dieser Fall einmal ein, so dürfen wir nicht den Fehler begehen, nur die Gemeinsamkeiten zu sehen und darüber die Unterschiede zu vergessen. Es handelt sich also nicht um ein ganz bestimmtes Tier mit unverwechselbarem Äußeren, das hier dargestellt ist, sondern es hat dem Künstler lediglich gefallen, ein außergewöhnliches Detail hier nochmals anzubringen. Das Werk ist einzigartig, aber es ist keine photographisch genaue Abbildung eines leibhaftigen Tiers mit Haut und Haaren. Die Darstellungen sind daher viel eher Idealtypen von Tieren als naturgetreue Wiedergaben derselben. Vielleicht stellt diese Kunstform einen langsamen, ganz allmählichen Übergang zu einer Schrift in Ideogrammen dar.

Die graphischen Spielereien, die wir zuvor erwähnt haben, bestätigen die hier dargelegte Sichtweise der Höhlenkunst, denn man kann sie an jenen Figuren beobachten, die am deutlichsten im akademischen Stil – das heißt in strikter Befolgung eines festen Regelkanons – ausgeführt worden sind. Dies ist offensichtlich ein eindeutiger Beleg, daß der Gehalt einer Botschaft in keiner Weise vom Stil eines Kunstwerks abhängt, das Träger eben dieser Mitteilung ist. Die äußere Gestalt einer Darstellung gibt uns nur Auskunft – zum Teil wenigstens –, wie die geistige Verfassung ihres Urhebers beschaffen war – im übrigen eine wichtige Information, denn man erfährt so, daß wiederholte Streifzüge in eine uns bedrückend, manchmal sogar feindlich erscheinende Welt der heiteren Gelassenheit der prähistorischen Künstler kaum etwas anhaben konnten. Ist die meisterhafte Beherrschung der Technik wie der Unwägbarkeiten der unterirdischen Welt nicht ein weiterer Beleg dafür, daß hier echte Professionalität waltete? Daher wäre es verfehlt, bestimmte Formen von Darstellungen ausschließlich unter dem Blickwinkel ästhetischen Gefallens an einem gelungenen Werk zu betrachten. Wir denken hier insbesondere an die Bildkompositionen, die in Friesen oder durch die Gegenüberstellung *vis-à-vis* zusammengefaßt sind: Sie sind, wie wir im nächsten Kapitel ausführen werden, vermutlich Bestandteile einer Art Syntax, die als übergeordnetes Prinzip die Ausgestaltung der Wandkunst bedingte.

Eine durchdachte Bildabfolge

Neue Betrachtungsweisen

Seit dem Beginn des 20. Jahrhunderts haben zuerst Henri Breuil und dann seine Schüler die Höhlenkunst Wand für Wand, Galerie für Galerie erforscht. Diese Form der Bestandsaufnahme führte zu einer genauen Beschreibung aller vorgefundenen Themen. Die Monographie über Rouffignac, die 1982 von Claude Barrière veröffentlicht wurde, legt hiervon Zeugnis ab, und sie ist bis heute *das* Nachschlagewerk für die Höhle geblieben. Seit Ende der fünfziger Jahre haben Annette Laming-Emperaire und André Leroi-Gourhan die paläolithische Wandkunst statistisch erfaßt und zugleich die Ikonographie der unterirdischen Welt in Bildfelder unterteilt. Dabei gelang ihnen der Nachweis, daß die paläolithische Kunst in räumlicher Hinsicht gegliedert ist. Dennoch wurde im einen wie im anderen Fall die lineare Lesart der Darstellungen beibehalten. Man ging also davon aus, daß der prähistorische Künstler seine Botschaft in geometrischer Aneinanderreihung, wie bei einer Schrift, vermittelte. Diese Methode mag in Höhlen mit einer einzigen Galerie ihre Berechtigung haben, aber in einem Labyrinth wie Rouffignac stößt sie schnell auf ihre Grenzen. Es ist für unsere Betrachtungsweise von entscheidender Bedeutung, ob die paläolithischen Künstler ihre Darstellungen in ein und derselben Galerie konzentriert haben, also in einem Höhlenkorridor, oder ob sie ihre Werke auf mehrere Gänge verteilt haben. Der zweite Fall ist in Rouffignac eingetreten, und zwar dergestalt, daß die Zeichner von vornherein eine bestimmte Auswahl getroffen haben.

Als erstes fällt auf, daß sie nur diejenigen Gänge für ihre Darstellungen ausgesucht haben, die rechts von der langen Eingangsgalerie abzweigen. Die einzige Galerie, die sich nach links öffnet, besitzt zwar eine vollkommen ebenmäßige Decke und im allgemeinen glatte Wände, aber man findet dort nicht die geringste Spur, die Menschen im Paläolithikum hinterlassen haben könnten. Man scheint die Höhle demnach wie eine Abfolge von Schubfächern aufgefaßt zu haben, die entlang derselben Achse verteilt waren, wobei man eines oder mehrere dieser Fächer mit einer unterschiedlichen Anzahl von Darstellungstypen versah. So gibt es zum Beispiel eine Galerie, die den mit Fingern gezogenen Linien vorbehalten ist; eine andere wiederum ist dem Mammut gewidmet. Dies setzt voraus, daß die Künstler zunächst einmal die gesamte obere Etage erkundet haben und erst dann, nachdem sie sich mit der Höhlentopographie genau vertraut gemacht hatten, gewisse Galerien ausgewählt haben. Die Architektur der Höhle bestimmte also die Anbringung des Wandschmucks, und man hatte einen richtigen Plan entworfen, wie man die Darstellungen verteilte. Das Leitschema war dabei eine Art mehrstufiges Prinzip, das von der Galerie bis zum Bildfeld (*panneau*) verläuft.

Die räumliche Anordnung der Darstellungen

Am Eingang zur Galerie der Großen Decke sind zwei schematisch gehaltene Mammuts symmetrisch zu beiden Seiten des Gangs angebracht worden. Einige Meter weiter befindet sich am rechten Rand der Decke eine sehr große Mammutsilhouette, die eine genauso große Replik am linken Deckenrand besitzt. Geht man noch weiter, dann sieht man ein Nashorn und ein tectiformes Zeichen, die auf die rechte Wand graviert worden sind; sie antworten wie ein Echo auf einen Wisent, ein tectiformes Zeichen und die oben schon erwähnte vermeintliche »Raubkatze«, die man auf die linke Wand graviert hatte. So stößt man mehrfach auf das Phänomen, daß isolierte Figuren oder ganze Bildensembles wie ein Nachhall auf die entsprechenden Darstellungen an der gegenüberliegenden Höhlenwand wirken.

Diese drei Beispiele zeigen, daß das Thema der einander gegenübergestellten Figuren – eines der Schlüsselelemente, um Tiere derselben Art gemeinsam darzustellen – seine logische Fortsetzung in der spiegelbildlichen Wiedergabe an bestimmten Wänden findet. Die Bilder verteilen sich also nicht willkürlich auf den Wänden, sondern wurden in ausgesuchten Abschnitten der Galerien gebündelt. Die echoartige Anordnung scheint demnach darauf hinzuweisen, daß man die Höhlengalerie als einen dreidimensionalen Raum wahrnahm. Wenn also das Lesen der Darstellungen in linearer Abfolge sich nicht als die geeignete Methode erweist, um die Struktur der Wanddekoration angemessen zu erfassen, dann liegt dies vor allem daran, daß sie die räumliche Anordnung der Figuren – die in Rouffignac von grundlegender Bedeutung ist – unberücksichtigt läßt. Nun verteilen sich aber die Darstellungen, wie wir noch sehen werden, auf »große Ensembles«, die sich perfekt in den natürlichen Höhlenraum einfügen, und das ist keineswegs einzigartig. Erwähnt sei lediglich der Schwarze Salon von Niaux, wo Wände, Nischen und Boden einander ergänzen.

Schon bei seinen ersten Besuchen wies Louis-René Nougier darauf hin, daß es zwischen den Schächten am Boden, die zur unteren Höhlenetage führen, und gewissen Ansammlungen von Zeichnungen und Gravierungen einen Zusammenhang gibt[1]. Als André Leroi-Gourhan auf den Einfluß zu sprechen kam, den die Höhlentopographie auf den Standort der Bildfelder ausübte, stellte er genau dasselbe fest. Allerdings gilt es zu beachten, daß für beide Wissenschaftler das Bildfeld die grundlegende Einheit ist. Wie wir jedoch darlegten, spricht alles ausnahmslos dafür, daß das Bildfeld der kleinste Baustein des Gesamtensembles ist, der zwischen sämtlichen Darstellungen einen inneren Bezug schafft, sie zu einem Ganzen formt.

Wenn man hier und da auf Ausnahmen stößt, so erwecken sie den Anschein, als wollten sie gerade den inneren Zusammenhang der gesamten Anlage in Erinnerung rufen. Wir denken dabei an einige kleine Bildfelder oder isolierte Figuren, die ab und zu beim Gang durch die Höhle anzutreffen sind. Wie bei Niaux in der Ariège, deren Ausmaße mit Rouffignac vergleichbar sind und wo der Höhlenverlauf immer wieder mit Ansammlungen abstrakter Zeichen und Tiergravierungen markiert ist, die wie eine Aufforderung zum Weitergehen wirken, wird man auch hier nach und nach ins Innerste des Heiligtums geleitet. Die beiden Figurengruppen in der Eingangsgalerie von Rouffignac können genau in dieser Weise verstanden werden. Als ob man mit Nachdruck darauf hinweisen wollte, daß man soeben ein Mammutheiligtum betreten hat, ist dieses Tier in den kleinen Bildgruppen präsent; es steht allerdings selten allein wie jenes Mammut, das dicht über dem Boden angebracht worden ist (Abb. 82). In seiner Gesellschaft befinden sich Wisent oder Nashorn, die entweder abwechselnd oder gemeinsam den zweiten Rang im Wandschmuck einnehmen.

Die grossen Bildensembles

Die Decke mit den schlangenförmigen Linien

Das erste »Schubfach« öffnet sich zweihundert Meter hinter dem Höhleneingang. Schreitet man auf dem unebenen Boden des riesigen Korridors langsam voran, so stößt man schließlich auf zwei senkrecht verlaufende Felsstufen, die eine Art Tür bilden. Jetzt ist man dreihundert Meter von der Außenwelt entfernt; die Decke fällt jäh ab, und es genügt ein einziger Schritt, um in eine ganz andere Welt einzutauchen. Der Abstand zwischen Boden und Decke beträgt nicht mehr als 1,60 Meter. Eine Reihe von Seitennischen vereinigen sich zu einem niedrigen Saal mit ungefähr 150 Quadratmetern Fläche (Abb. 83). Hier hat das Wasser, das einst seine Erosionstätigkeit verrichtete, eine Lehmschicht abgelagert, in der die Menschen mit ihren Fingern, vielleicht auch mit einem Bündel von Holzstäbchen ihre Spuren hinterlassen haben. Eine Vielzahl einfacher, doppelter und dreifacher Linien ziehen sich im Zickzack über die Decke, verwirren sich zu einem Knäuel und bilden ein beeindruckendes Durcheinander. Das ist jedenfalls der erste Eindruck, denn nach einigen Augenblicken nimmt das Wirrwarr Gestalt an. Man kann hier von keinem gegliederten Aufbau sprechen, aber

82. Dicht über dem Boden graviertes Mammut. Man beachte die Feuersteintrümmer am Fuß der Wand (Länge der Figur: 0,55 m).

83. Gesamtansicht der Decke mit den schlangenförmigen Linien.

es treten Rhythmen zutage. Zunächst entdeckt man zu beiden Seiten des Eingangs, wiederum in Form eines Echos zueinander in Bezug gesetzt, Gitter- oder Karomuster. Durch ihre geometrische Struktur heben sie sich vom Bildganzen ab (Abb. 84). Dann tauchen mit den Nischen nach und nach mäanderförmige Linien auf, die mit beiden Händen gleichzeitig angebracht wurden und als symmetrische Paare oder als richtige Fischgrätenmuster mit spitzen Winkeln verlaufen. Schließlich folgen einige sorgfältiger gestaltete, in zwei Bewegungsabläufen geschaffene Mäanderlinien, die recht eindeutig an Schlangen erinnern. Eines dieser Gebilde scheint sogar mit einem Kopf ausgestattet zu sein (Abb. 73). Diese aufwendiger gearbeiteten graphischen Elemente erleichtern indessen nicht das Verständnis des Ganzen; das Liniengewirr gibt sein Geheimnis nicht preis. Zwei Tatsachen springen ins Auge: es wurde der tiefste Bereich der Galerie in seiner ursprünglichen Gestalt ausgewählt, und es handelt sich ausschließlich um eine einzige abstrakte Darstellungsform. Eine Frage drängt sich dabei auf: Liegt die Bedeutung in der ausführenden Geste oder in ihrem Ergebnis?

Und da es in Rouffignac keine Stelle gibt, wo Mammuts und mit Fingern gezogene Linien fehlen, befinden sich nicht weit von hier in einer Nebenverzweigung einige mit Fingern gezogene Linien, die mit zwei Mammuts vergesellschaftet sind.

84. Ein Gitter aus mit Fingern gezogenen Linien.

Der Rote Salon

Als wir auf die Friese zu sprechen kamen, haben wir bereits die kurze Sackgasse erwähnt, die dreihundert Meter vom Eingang entfernt von der Hauptgalerie abzweigt. Wir müssen noch ein wenig bei ihr verweilen, denn hier befindet sich das zweite große Bildensemble der Höhle. Auch dieses Mal kann man beobachten, daß die in Darstellungen mitgeteilte Botschaft Abstufungen aufweist. In der Galerie mit den schlangenförmigen Linien begegnen ja zwei Themen: die mit Fingern gezogenen Linien und das Mammut. Nun kommt ein drittes Sujet hinzu, denn hier tritt erstmals das Nashorn in Erscheinung (Abb. 85). An dieser Decke sind acht Mammuts, einige mit Fingern gezogene Linien sowie die Stirnlinie und die Hörner eines Nashorns angebracht worden. Die Mammuts verteilen sich auf zwei Gruppen: die erste besteht aus einem Fries, den wir bereits beschrieben haben, die zweite enthält hingegen nur zwei Figuren. Die eine Darstellung ist um das Sechsfache kleiner als ein lebendes Mammut, während die zweite Figur – ein Vorderkörper – in nahezu natürlicher Lebensgröße wiedergegeben ist.

85. Nashorn im Roten Salon (Länge: 1,30 m). Zeichnung: Jean Plassard.

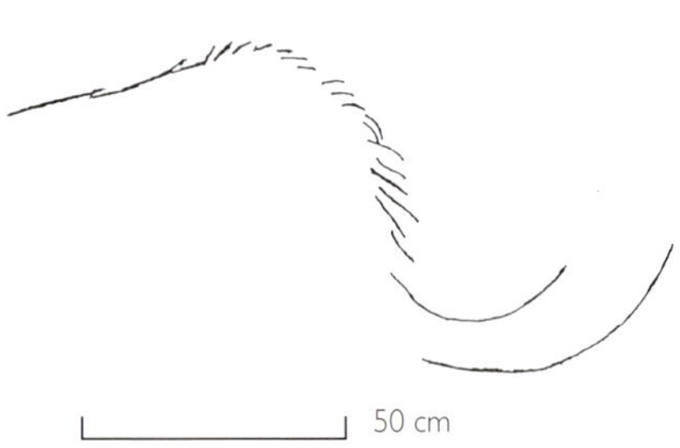

Das Nashorn wurde in die frei gebliebene Fläche zwischen den beiden Mammutgruppen plaziert. Bis vor kurzem hatte man lediglich die Spitze des Schulterbuckels erkannt. Da das Tier in derselben Technik wie die benachbarten Mammuts ausgeführt wurde, folgerte Claude Barrière, daß hier das Schädeldach eines Mammuts abgebildet sei[2]. Eine eingehendere Untersuchung hat jedoch ergeben, daß die Darstellung ausführlicher ist als ursprünglich angenommen und daß ihr graphisches Gerüst dem eines Nashorns gleicht[3]. Diese Entdeckung erfolgte an einem Ort, der, wie man glaubte, ausschließlich dem Mammut vorbehalten war, und sie verdeutlicht, welchen zentralen Stellenwert dieses Thema in Rouffignac einnimmt. Ruft man sich die zehn anderen Nashorndarstellungen der Höhle in Erinnerung, dann versteht man, daß in dieser Skizze das nachfolgende Thema anklingt und diese Vorankündigung den inneren Zusammenhang des gesamten Bildsystems eindrucksvoll bestätigt.

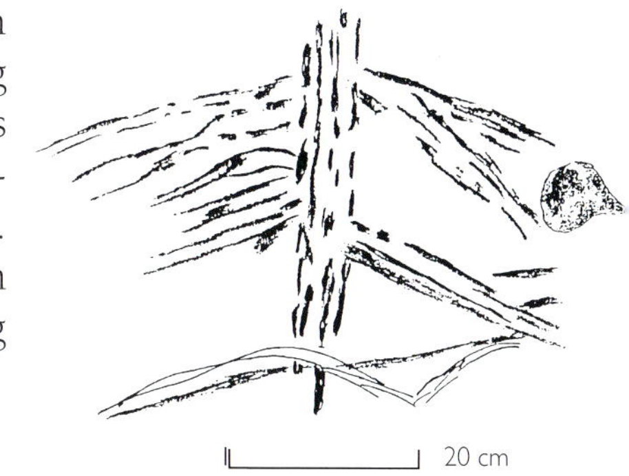

86. Überlagerung von einem tectiformen (dachförmigen) Zeichen und einer Mammutskizze (Länge: 0,45 m). Zeichnung: Jean Plassard. (Vgl. Abb. 87)

Die Kreuzung am Zentralpfeiler

Am äußersten westlichen Ende der Eingangsgalerie führt die letzte Abzweigung ab, und zwar am Fuß eines Schuttkegels, der heute die Verbindung mit der Außenwelt unterbricht. Der nun folgende Abschnitt ist der weitläufigste Teil der Höhle mit einer vielgestaltigen Topographie. Hier bot sich also ein weites Betätigungsfeld für die Künstler, und es verwundert nicht weiter, daß sie gerade hier den Mittelpunkt des Gesamtensembles lokalisierten. Zunächst verläuft die Strecke wegen eines alten Felsversturzes von der Decke äußerst unregelmäßig. Dann öffnen sich zwei Sackgassen auf der linken Seite dieses Bereichs. Die Darstellungen in der ersten erinnern an das zuvor beschriebene »große Bildensemble«: zwei Mammuts, mäanderförmige Linien und – eine Neuheit, die zum ersten Mal erscheint – ein tectiformes Zeichen (Abb. 86 und 87). Die zweite Sackgasse enthält zwei Mammuts, die einander gegenüberstehen (Abb. 40).

Auf der Höhe dieser zweiten Abzweigung nimmt der Gang fast schlagartig die vertraute Gestalt aller umliegenden Galerien an: Sein Profil ist verhältnismäßig niedrig, die Decken sind ebenmäßig gestaltet, und an den Wänden verlaufen waagrechte Bänke aus Feuersteinknollen, die langgezogene, glatte und ebene Streifen freilassen. Nach einigen Metern teilt ein Steinpfeiler den Korridor in zwei gleich große Gänge auf: die Galerie der Großen Decke zweigt nach links ab, die Galerie Henri Breuil nach rechts.

Diese Kreuzung enthält ein weiteres »großes Bildensemble«, das aus elf Tiergravierungen sowie vier Gruppen abstrakter Figuren besteht. Das Ensemble ist seinerseits in vier Bildfelder unterteilt, die den ge-

87. Überlagerung von einem tectiformen (dachförmigen) Zeichen und einer Mammutskizze in der Sackgasse. (Vgl. Abb. 86)

88. Bündelförmige Zeichen (Länge: 0,75 m).

samten Raum einnehmen. Es beginnt auf der rechten Seite mit einer Felsrippe, auf der zwei zueinander in Beziehung gesetzte Nashörner und ein Mammut eingetragen sind. Die Nashörner befinden sich an der Decke, das Mammut hingegen an der Wand. Auf diesen Sporn folgt ein kleiner Schacht, der in die untere Höhlenetage führt und den Zugang zur Wand versperrt. Man muß ihn umgehen und stößt dann auf das zweite Bildfeld, einen Fries aus fünf Mammuts, die im rechten Profil dargestellt sind. Drei der Tiere sind relativ sorgfältig gearbeitet, zwei dagegen sind äußerst knapp skizziert. Eines der besser gravierten Mammuts ist mit zwei mäanderförmigen, mit Fingern gezogenen Linien verknüpft, ein weiteres mit einer solchen Linie in Form eines Horns. Das dritte Bildfeld beschränkt sich auf eine komplette Mammutdarstellung in rechtem Profil, die an der Achse der Decke angebracht ist. Das vierte Panneau schließlich wird von zwei Mammuts gebildet, die einander gegenüberstehen; dies sind die »Mammuts der Entdeckung«. Wir haben bereits an anderer Stelle die mit Fingern gezogenen, senkrecht verlaufenden Streifen erwähnt, die ihnen beigeordnet sind. Hier ist noch hinzuzufügen, daß ein wenig weiter eine zweite Serie solcher Linien folgt und das Bildfeld mit zwei Zeichen in Gestalt von Bündeln abschließt (Abb. 88), die sonst nirgendwo mehr in der Höhle vorkommen.

Führt man sich die Gesamtheit der Gravierungen, die sich auf einer Länge von weniger als zehn Metern erstrecken, vor Augen, dann wird offenkundig, daß hier ein neues Konzept vorliegt: denn dieses Mal sind die meisten Bestandteile der Kunst von Rouffignac vertreten. Sicher, das Mammut und die mit Fingern gezogenen Linien überwiegen auch hier, aber man sollte die anderen Komponenten nicht vernachlässigen: die zwei Nashörner, den Fries, die Gegenüberstellung von Figuren *face à face,* den Echoeffekt zwischen den Wänden sowie die zwei Bildfelder auf der rechten Seite, die beidseits eines sich am Boden öffnenden Schachtes angebracht sind. Alle diese Elemente weisen nachdrücklich darauf hin, daß man sich an der Schwelle zu einer außergewöhnlichen Stätte befindet. Die Darstellungsensembles der beiden Galerien, die am Zentralpfeiler abzweigen, sind hier zu einer Synthese verschmolzen.

Die Galerie Breuil und ihre Verlängerung

Die Galerie Henri Breuil ist ein kurzer, rund vierzig Meter langer Abschnitt in einem langen Gang, der an seinem Ende in vielfachen Verzweigungen ausläuft. Wie wir noch sehen werden, hat die Verlängerung einen entscheidenden Anteil an dem großen, sehr fein gearbeiteten Bildensemble. Zwar zählen der Fries der Nashörner, der Fries der zehn Mammuts, der Pferdekopf auf der Feuersteinknolle sowie der »Patriarch« zu den bemerkenswertesten Kunstwerken, aber man sollte darüber nicht die 43 Zeichnungen und Gravierungen vergessen, die auf nahezu allen Wänden verteilt sind. In diesem Abschnitt sind 17 Prozent aller Darstellungen von Rouffignac versammelt: Mammuts, Nashörner, Pferde, Wisente, ein Bär und tectiforme Zeichen vereinigen sich zu einem Ensemble, in dem das Thema der Gegenüberstellung *(face à face)* sich mit dem Spiegeleffekt zwischen den Wänden verbindet.

Wie sollte man auf der rechten Wand den Fries der Nashörner, sodann den Pferdekopf auf der Feuersteinknolle und die drei Mammuts (Abb. 89) übersehen; wie sollte man am »Patriarchen« und seinen Artgenossen, die gemeinsam mit einem Nashorn und einem gravierten Pferd auf der linken Wand abgebildet sind, achtlos vorübergehen! Was sollte man weiter zum monumentalen Fries der zehn Mammuts sagen, in dem sich zwei Gruppen gegenüberstehen, während auf der Wand gegenüber gleich dreimal kleine Mammutgruppen *face à face* dargestellt sind? Die Komposition ist indessen nicht vollständig symmetrisch, denn der Bär, die zwei tectiformen Zeichen und die zwei Wisente auf der linken Wand haben keine Entsprechung auf der rechten Seite.

Muß man bei diesem Ensemble von einer Ausnahme sprechen? Man würde es sich allzu leicht machen, wenn man darauf verwiese, daß jede Regel ihre Ausnahme hat. Im Gegenteil, die Tatsache als solche ist keineswegs außergewöhnlich. An der Kreuzung befinden sich die beiden Nashörner auf der rechten Seite, am Eingang zur Galerie der Großen Decke antworten das tectiforme Zeichen und das Nashorn als Echo auf einen Wisent, ein tectiformes Zeichen und eine unbestimmte Figur. Es ist vielmehr die perfekte spiegelbildliche Anordnung, die eine Ausnahme darstellen könnte. Wenn die Höhlenwände einander zugeordnet sind und an der Decke ein Mammut und mit Fingern gezogene Linien angebracht wurden, bestätigt dies nur einmal mehr, daß die Höhlenkunst in den Raum einbezogen wurde. Man müßte also den Begriff »Bildfeld« um den Terminus »Modul« ergänzen – das heißt eine Einheit aus mehreren Elementen, die in

Rechte Seite: 89. Pferdekopf und Fries der Nashörner.

90. Der Große Beichtstuhl.

verschiedenen Zusammenhängen ein konstantes Verhältnis aufweisen. Die Einführung eines solchen Begriffs erscheint auch sinnvoll, wenn wir die Architektur der Galerie Henri Breuil betrachten: Sie ist ein deutlich abgegrenzter Saal mit dem Zentralpfeiler auf der einen Seite, während sich am entgegengesetzten Ende ein kleiner Schacht öffnet und die Höhlendecke jäh ansteigt.

Nach dieser Stelle führt die Galerie weiter, aber der Wandschmuck wird seltener. Lediglich einige figürliche und abstrakte Gravierungen markieren den Weg, der schließlich in verästelten Höhlengängen ausläuft. In einer Wandnische, in der man sich nur gebückt aufhalten kann, sind zwei Mammuts angebracht. Dies belegt, daß sich unsere Vorfahren bis an diese entlegene Stelle, ein Kilometer von der Außenwelt entfernt, vorgewagt haben!

Der Vorstoß in die abgelegensten Höhlenbereiche erfolgte wahrscheinlich gezielt, denn hier hatte man drei der vier anthropomorphen Figuren von Rouffignac angebracht. Die erste nahezu vollständige Menschendarstellung in kriechender Haltung ist an einem kleinen Schacht am Eingang zu einer Stelle plaziert, die man zu Anfang des 19. Jahrhunderts als »Großen Beichtstuhl« bezeichnet hat (Abb. 90). Die beiden anderen Menschenfiguren, »Adam und Eva«, haben ihren Platz in einer kleinen benachbarten Galerie gefunden, nicht weit entfernt von einer jener unbestimmten Figuren, die Ähnlichkeit mit einem Elch aufweist. Eben dieser Abschnitt beherbergt außerdem sechs der insgesamt vierzehn tectiformen Zeichen in der Höhle.

Die Große Decke und der Schacht

Gewöhnlich versteht man unter der Bezeichnung »Große Decke« die Ansammlung von 65 Figuren, die senkrecht über einem großen Schacht – der seinerseits in die untere Etage führt – angebracht wurden. Tatsächlich ist die Große Decke nur ein Teil eines weitläufigeren und vielschichtigeren Ensembles. Diese Unterscheidung trägt dem Tatbestand Rechnung, daß sich die zu Anfang drei Meter hohe Galerie nach und nach senkt, bis sie schließlich rechts vom Schacht nur noch eine Höhe von achtzig Zentimetern erreicht. Zugleich gehen die Wanddarstellungen im selben Maße von den Höhlenwänden zur Decke über. Wir haben bereits die Mammuts, Nashörner und tectiformen Zeichen erwähnt, die man auf den ersten zehn Metern überwiegend an den Wänden antrifft.

Beim Fries der fünf Mammuts wechselt dann die Anordnung. Hier beträgt der Abstand zwischen Boden und Decke ungefähr 1,60 Meter, so daß die Decke nun gleichermaßen zugänglich war wie die Wand und die Bilder auf die Decke übergreifen. Der Fries befindet sich auf halber Höhe der rechten Wand. Neben der sorgfältig abgewogenen Komposition gilt es hier vor allem das äußerst rechte Mammut zu beachten, das

91. Blick auf die Große Decke.

92. Pferd an der Großen Decke (Länge: 1,10 m).

93. Steinbock an der Großen Decke (Länge: 0,50 m).

mit einem anderen Werkzeug graviert wurde als seine vier Artgenossen, hingegen mit dem großen Mammut an der Decke diesbezüglich völlig übereinstimmt. Weiterhin ist bemerkenswert, daß auf einem Mammut des Frieses zwei mäanderförmige Linien eingetragen sind (Abb. 22). Man kann unmöglich sagen, ob die Gravierungen an Wand und Decke gleichzeitig entstanden sind, aber wie wir bereits ausführten, spricht alles dafür, daß das fünfte Mammut des Frieses und sein Pendant an der Decke zur gleichen Zeit angebracht wurden. Hier tritt das »Modul« in einer neuen Variante auf, und zwar in einer Echo-Korrespondenz zwischen Wand und Decke.

Von diesem Punkt an kann man sich nur noch kriechend unter der Decke fortbewegen, die nun von schlangenförmigen, ineinanderverschlungenen Linien förmlich überflutet ist; in der Mitte dieses Gewirrs zeichnen sich einige Mammutsilhouetten ab. Nach einigen Metern werden die mit Fingern gezogenen Linien seltener, verschwinden schließlich ganz und machen einer wahren Springflut von Tieren Platz: 26 Mammuts, zwölf Wisente, ein Dutzend Steinböcke, zwölf Pferde und drei Nashörner kreisen in einem Wirbel über dem Schacht (Abb. 91).

Die zwölf Pferde sind gemeinsam in der vorderen Hälfte angebracht (Abb. 92), während sechs Steinböcke sich am Randbereich im tieferen Teil tummeln (Abb. 93) und zwei Steinböcke unter den Pferden, Wisenten und Mammuts verstreut sind. Ein äußerst schematisch wiedergegebenes Nashorn steht isoliert am Eingang, und seine zwei Artgenossen befinden sich nahe am Mittelpunkt des Bilderwirbels. Allenthalben treffen Mammuts und Wisente aufeinander.

Natürlich ist es verlockend, eine Struktur des Bildensembles herauszuarbeiten. Vier Tatbestände treten klar zutage: das Mammut überwiegt, die zentrale Partie des Bildfelds enthält kaum Figuren, die Pferde kommen nur in der ersten Hälfte des Ensembles vor, und jede der vier am zahlreichsten abgebildeten Tierarten (Mammut, Wisent, Steinbock, Pferd) verfügt über einen auffallend großen Repräsentanten (Abb. 94)[4]. Eine in jüngerer Zeit erfolgte Untersuchung der Überlagerungen hat ergeben, daß die Themen nicht in systematischer Reihenfolge angebracht worden sind; in einem vorgegebenen Rahmen ist das Mammut mal zuerst, dann an zweiter oder dritter Stelle angefertigt worden. Man kann also nicht mit Bestimmtheit angeben, in welchen Schüben und in welchem jeweiligen Ausmaß die Wanddekoration ihre endgültige Gestalt annahm.

Handelt es sich hier demnach um ein wahllos angebrachtes, wirres Durcheinander? Wahrscheinlich nicht. Wir sollten uns einfach unsere Unfähigkeit eingestehen, den logischen Aufbau des Ensembles nachzuvollziehen.

Lediglich die Wahl des Standorts läßt auf eine gewisse Absicht schließen: Alle Darstellungen fügen sich in einen geometrischen Rahmen, der durch den Durchmesser des Schachtes vorgegeben wird. Die Menschen des Magdalénien sind in diesen ungefähr zehn Meter tiefen Schacht hinabgestiegen und haben unten auf der rechten Wand ein Ensemble hinterlassen: ein schwarz gezeichnetes menschliches Gesicht – das »Große Wesen« (Abb. 95) – ist von sechs Mammuts, sechs Wisenten und einem Pferd umgeben.

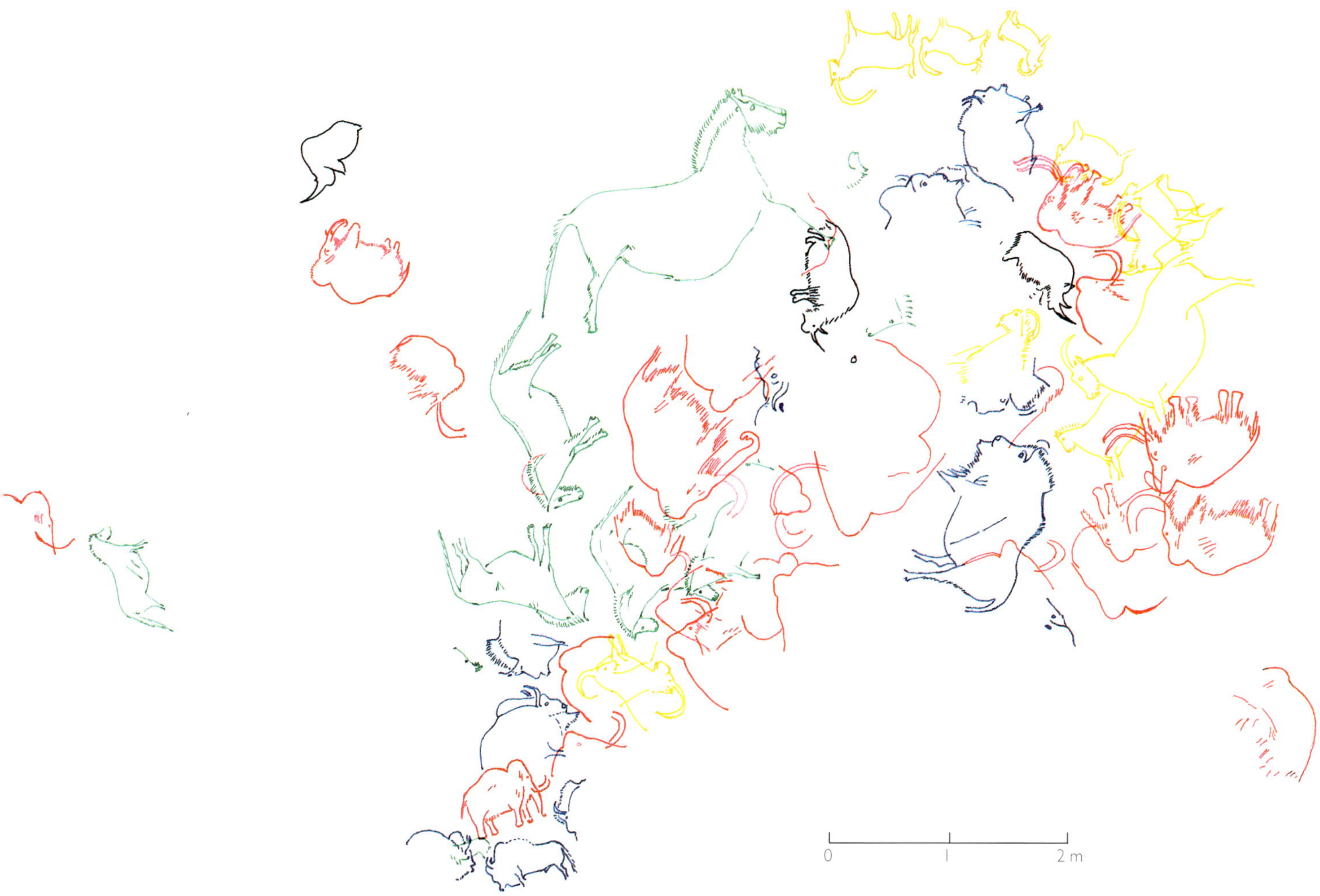

94. Die Große Decke. Nach einer Zeichnung von Claude Barrière.

Diese Gesamtkomposition ist um so bemerkenswerter, als das Rund aus 65 Figuren an der Decke ja nicht als Sackgasse abschließt, sondern in einem engen Gang weiterläuft. Es gab also noch Platz für Darstellungen. Die Menschen des Paläolithikums sind im übrigen die letzten 250 Meter weitergekrochen, bis sie in den tiefsten Bereichen der Höhle anlangten. Auf ihrem Weg haben sie zwei Wisente und zwanzig Mammuts an den Wänden zurückgelassen; diese Figuren konzentrieren sich häufig um kleine Schächte. Hervorzuheben sind insbesondere der »Pharao« (Abb. 48), der von einem Mammut begleitet wird, dann der Fries der Großen Grube, der wiederum vier Mammuts mit einem Wisent vereint, sowie schließlich das berühmt gewordene »Mammut mit dem schelmischen Auge« (Abb. 39). Wenn man ein letztes Mal durch Bärenkuhlen kriecht, erreicht man nach einem Kilometer unterirdischer Expedition das Ende des Labyrinths. Hier hatten unsere entfernten Vorfahren die mit dreifachen Fingerlinien gezeichnete mutmaßliche Saïga-Antilope angebracht (Abb. 67) und mit dieser Figur das Bildensemble der Großen Decke abgeschlossen.

Wollte der Künstler, der ja sein geistiges Abbild der wirklichen Welt mit in das Reich der Finsternis genommen hat, mittels der Tierdarstellungen symbolisch zum Ausdruck bringen, daß hier die Welt des Imaginären begann, wo kein Weiterkommen mehr möglich war? Die unklar gehaltene Cervidendarstellung (»Saïga-Antilope«) ganz am Ende der Galerie ist zwischen Mythos und Realität angesiedelt, erscheint wie hin- und hergerissen zwischen beiden Welten. Sie mutet wie ein mißlungener Versuch an, mit der Welt der Geister in Kontakt zu treten. Vielleicht enthüllt sich uns hier ein kleines Quentchen vom Bewußtseinszustand jenes Menschen, der bis hierher vorgedrungen ist und diese Darstellung angefertigt hat.

Die Dichte, in der die Figuren aufeinanderfolgen, sowie die abseits plazierte, von maßgeblichen Themen eingerahmte Menschendarstellung erinnern in verblüffender Weise an die Struktur der Bildensembles in der Galerie Breuil. Die Gemeinsamkeiten sind zu zahlreich, als daß es sich lediglich um einen Zufall handeln könnte. Diese zwei Ensembles bilden offensichtlich zwei Einheiten, die einen inneren Zusammenhang

95. Ausschnitt aus der Figurengruppe im Schacht: das »Große Wesen«, das von zwei Wisenten eingerahmt wird. Der obere Wisent beschränkt sich auf die Wiedergabe des Vorderkörpers, der hinter den Hörnern endet; der untere Wisent ist vollständig. Das Ensemble befindet sich gegenüber dem Wisent mit dem aufgerichteten Schwanz (Höhe: 1 m).

aufweisen. Wir ziehen daraus freilich nicht den Schluß, daß sie auch dieselbe Funktion hatten, denn die Galerie Henri Breuil und ihre Verlängerung sind leicht zugänglich, was bei der Großen Decke ganz und gar nicht der Fall ist. Alles deutet demnach darauf hin, daß die eine Galerie für jedermann offenstand, während die andere einer bestimmten Menschengruppe vorbehalten blieb. Dennoch enthalten beide dieselbe Botschaft. Das eigentliche Problem besteht darin, daß diese beiden Zentren ein und desselben Heiligtums offenkundig verschiedenen Zwecken dienten.

Eine Botschaft voller Sinn

Rituelle Aktivitäten oder spielerische Kunst?

Gegen Ende des 19. Jahrhunderts begann man allmählich vom »vorsintflutlichen« Menschen Kenntnis zu nehmen, den man sich bis dahin als halb tierisches, halb menschliches Wesen vorgestellt hatte, und man stieß zunehmend auf Beweise, daß er über ein feinfühliges Empfindungsvermögen verfügte. In Grabungen, die man an seinen ehemaligen Aufenthaltsstätten durchführte – den Felsdächern (*abris*) und Höhleneingängen –, entdeckte man regelmäßig reichverzierte Steinplaketten und Knochen- oder Elfenbeingegenstände. Nachdem die ersten Vorbehalte geschwunden waren, sprach man unseren entfernten Vorfahren eine gewisse sensible Veranlagung zu, da ihre Auffassung vom Schönen unserem ästhetischen Empfinden verwandt zu sein schien. Die Gravierungen und Skulpturen, mit denen sie verschiedene Gegenstände versahen, legten in der Tat ein unstrittiges Zeugnis für ihren ausgeprägten Schönheitssinn ab. Da ihre Tätigkeiten strikt auf das Sammeln von Nahrung ausgerichtet waren und es außerdem Jagdwild in Überfülle gab, schienen sie offenkundig Muße genug gehabt zu haben, um insbesondere ihre Werkzeuge und Waffen zu dekorieren. Die prähistorische Kunst war dieser Auffassung zufolge ein angenehmer Zeitvertreib.

Als man zu Beginn des 20. Jahrhunderts erstmals Werke der Wandkunst entdeckte, rückten jedoch bald andere Aspekte in den Vordergrund: die Unwägbarkeiten, die solche Vorstöße ins Höhleninnere mit sich brachten, die Beherztheit der prähistorischen Künstler, die tief in der Erde gelegene Stellen als Standorte für ihre Darstellungen aussuchten, sowie die Gewandtheit, aber auch der einheitliche Stil, mit denen sie die Tierwelt wiedergaben. Sehr schnell drängte sich die Idee auf, daß diese Höhlenkunst nicht allein spielerischen Motiven entsprungen sein konnte; es mußten vielmehr triftige Gründe vorliegen, um sich in eine so feindselige Umgebung vorzuwagen und dort einige Bilder anzubringen, die überdies der Allgemeinheit verborgen blieben. So ließ man die Annahme schließlich fallen, diese Kunst sei um ihrer selbst willen geschaffen worden (*l'art pour l'art*), und die meisten Forscher gelangten allmählich zu der Überzeugung, daß diese Darstellungen im Gefolge ritueller Tätigkeiten entstanden seien.

Diese Schlußfolgerung stützte sich auf zumindest zwei Argumente, die bis heute nichts von ihrer Gültigkeit eingebüßt haben: Als allererstes fiel die Wahl solcher Stätten auf, denn man lebte ja nicht in den Höhlen; vielmehr mußte man diese unterirdischen Bereiche gezielt aufsuchen, um die entsprechenden Tätigkeiten zu verrichten. Als zweites rückte die begrenzte Anzahl von Themen, die beständig wiederholt wurden, in den Blickpunkt; dies setzte voraus, daß die Künstler ihrer Inspiration keineswegs freien Lauf gelassen hatten. Setzte man diese beiden Tatbestände als gegeben voraus und zog zugleich in Erwägung, daß genaue Auskünfte über die Gebräuche, Geisteshaltungen und Traditionen der paläolithischen Jäger und Sammler nicht verfügbar waren, so verblieben nur zwei Möglichkeiten, um weitere Aufschlüsse zu erhalten: Man mußte einerseits in den Darstellungen selbst und andererseits durch völkerkundliche Vergleiche nach Indizien suchen, die über den Ursprung und die Bedeutung dieser Kunst Näheres auszusagen vermochten.

Zumindest zwei Aspekte sind dabei bis heute unbestritten geblieben: zum einen die herausragende Rolle, welche die Tierwelt im alltäglichen Leben der prähistorischen Menschen spielte, und zwar nicht nur im Hinblick auf die Ernährung; zum zweiten die Sorge um geistigen, spirituellen Rückhalt. Es schien in der Tat nahezuliegen, daß der beständige Umgang mit allerlei Tieren diesen schließlich eine besondere Funktion in der Vorstellungswelt der prähistorischen Menschen zuwies. Und was den Bereich des Spirituellen anbelangte, so gaben die bereits sehr früh – vor über 50 000 Jahren – entwickelten, mitunter sehr komplexen Begräbnisriten ein beredtes Zeugnis ab.

Magie und zauberische Beschwörung

Henri Breuil hatte durch seine umfangreichen Arbeiten recht bald unumstrittenes Ansehen auf dem Gebiet der paläolithischen Kunst erlangt, und seine Sicht der Dinge setzte sich allmählich durch. Im Jahre 1952[1] – nach einem halben Jahrhundert von Entdeckungen und Bestandsaufnahmen, die ihn vom Périgord oder von Kantabrien bis nach Südafrika geführt hatten – besaß er eine fest umrissene Ansicht zu diesem Thema. Für ihn stand außer Frage, daß die prähistorische Kunst von Jägern stammte und verschiedenerlei Riten einschloß, deren Ursprung eben in der Jagdtätigkeit beruhte. Für ihn war über jeden Zweifel erhaben, daß die Jagdmagie der wichtigste Beweggrund für die Höhlenkunst war. Die prähistorischen Menschen, die einer unerbittlichen Natur ausgesetzt waren, hatten demnach geglaubt, sie könnten über Opferriten die Ereignisse für sie günstig stimmen. Seine Argumentation ging von der Idee aus, daß alles mit der Entwicklung von Strategien bei der Treibjagd und der Pirsch begonnen habe, dergestalt, daß sich der Jäger in Tierfelle gehüllt und sich an seine Beute bis auf Wurfnähe angeschlichen habe. Da diese Jagdmethode erfolgreich war, erwuchs schließlich die Vorstellung, die Herrschaft über das Bild eines Wesens verleihe eine zauberische Macht über das lebende Tier. So sei man von der Tierverkleidung allmählich zur graphischen Darstellung übergegangen; das eine wie das andere habe den Jäger mit der Fähigkeit ausgestattet, Zugriff auf das begehrte Jagdwild zu erlangen. Da die frühen Jäger jedoch besonnene Leute gewesen seien, hätten sie sich nicht mit der schmalen Kost zufriedengeben können, ohne an deren Erneuerung zu denken. Also seien nach und nach Zeremonien entstanden, die auf die Vermehrung des Wilds abzielten, und eben bei diesen verschiedenen Ritualen hätten Meister der graphischen Darstellung die Tierbilder auf den Höhlenwänden angebracht. Die zauberische Beschwörung schien Henri Breuil indessen nicht auszureichen, um die gesamte paläolithische Kunst zu erklären. Er dachte vielmehr auch an Höhlen, die »... Heiligtümer waren und in denen vor Jahrtausenden bedeutende Eingeweihte jener Zeit wahrscheinlich Zeremonien abgehalten und neuen Initianden grundlegende Anweisungen gegeben haben, nach welchen Prinzipien sie ihr zukünftiges Leben auszurichten hätten.«

Henri Breuil, im Jahre 1877 geboren, war 79 Jahre alt, als Rouffignac entdeckt wurde. Zwar beteiligte er sich voller Schwung und durchaus hitzig am »Krieg der Mammuts«, aber er hatte nicht die Zeit, um die Kunstwerke dieser Höhle in aller Ausführlichkeit zu erforschen und gut fundierte Argumente zu deren Bedeutung vorzubringen. Lediglich vor dem Fries der zehn Mammuts äußerte er gleich bei seinem ersten Besuch: »Dieses Bildensemble wird die Prähistoriker dazu zwingen, sämtliche Hypothesen noch einmal zu überdenken, die bis zum heutigen Tag über die Bedeutung der prähistorischen Kunst vorgebracht worden sind«[2]. Es hat den Anschein, als habe diese Entdeckung seinen Blick bei Fragen der Interpretation verfeinert. Wäre es denkbar, daß er die Idee des Totemismus wieder aufgegriffen hätte, die Salomon Reinach gegen Ende des 19. Jahrhunderts in die Debatte eingebracht hatte und die auch Henri Breuil in seinen Anfängen eine Zeitlang verfocht?

Alles spricht dafür, daß die wiederholte Gegenüberstellung von Tier- wie Menschenfiguren seine Aufmerksamkeit erregte und daß seine Unschlüssigkeit angesichts der Vielzahl von Friesen zunahm. Zwar konnte er sich angesichts der großen Bildkompositionen in seiner Ansicht bestätigt fühlen, daß in den geräumigen Höhlengängen gewisse Initiationszeremonien mit vielen Anwesenden stattgefunden haben mochten, aber der Bezug zur Jagd war nun vollständig verlorengegangen.

Mehr als anderswo fällt in Rouffignac auf, wie selten oder unauffällig jene Zeichen sind, die man einst mit der Jagd (als Waffen oder Wunden) in Verbindung brachte. Nur ab und an stößt man auf jene kurzen, häkchenförmigen Markierungen – zum Beispiel beim »Patriarchen« (Abb. 21) und den Nashörnern vom Fries der Nashörner (Abb. 25) – oder auf einige lange Striche, die aus den Tierkörpern ragen. Bei keiner einzigen Figur kann jedoch – im Unterschied zu Niaux, Gouy oder Gabillou – davon die Rede sein, daß hier eindeutig ein Pfeil abgebildet wurde. Henri Breuil, der für das Magdalénien vom »Zeitalter des Rens« sprach, konnte außerdem nicht entgangen sein, daß das Ren in der Nahrung jener Menschen eindeutig überwog, während Knochen vom Mammut dort kaum vorzufinden waren. Seine Hypothese der Jagdmagie war daher durch das vollständige Fehlen von Rentierdarstellungen und die Allgegenwart des Mammuts in ihren Grundfesten erschüttert.

Das Bestreben, die Bilder in einer bestimmten Weise anzuordnen, sowie die wiederholte Verknüpfung von Tierfiguren mit mäanderförmigen, mit Fingern gezogenen Linien verweisen auf ein anderes Phänomen. Gesetzt den Fall, es hätte in Höhlen oder anderswo unter bestimmten Umständen eine zauberische Beschwörung stattgefunden – und das ist keineswegs auszuschließen –, so liegt doch auf der Hand, daß damit die Kunst von Rouffignac nicht vollständig erklärt werden kann. Obwohl Henri Breuil nicht die Zeit verblieb, sein neues Verständnis der eiszeitlichen Kunst ausführlich darzulegen, kann davon ausgegangen werden, daß er sich dieser Notwendigkeit bewußt war. Unter diesem Blickwinkel stellt die Entdeckung von Rouffignac 1956 – wie die jüngst entdeckte Grotte Chauvet – einen Wendepunkt in der Wahrnehmung der paläolithischen Wandkunst dar.

Von der statistischen Erhebung zur Frage nach dem Gehalt

Rouffignac trat genau in jenem Augenblick auf den Plan, als in der wissenschaftlichen Welt ein strengerer Wind zu wehen begann. Man konnte folglich erwarten, daß die Erforschung der Bilderhöhle von dieser neuen Sichtweise profitieren würde. André Leroi-Gourhan und Annette Laming-Emperaire erhoben nämlich den Anspruch, die prähistorische Kunst mittels statistischer Untersuchungen zur Verteilung respektive Gewichtung von Tierfiguren und Zeichen erklären zu können.

Die Idee einer stringenten Forschungsmethode war zwar ausgezeichnet, aber ihre Anwendung erwies sich als problematisch. Die Anhänger dieser neuen Richtung gingen notgedrungenermaßen von dem Grundgedanken aus, daß sich die prähistorischen Menschen über zwanzigtausend Jahre hinweg genau an streng umrissene Regeln gehalten hätten. Ihre Schlußfolgerungen, die auf der statistischen Untersuchung einiger Dutzend Höhlen und Felsdächer (*abris*) beruhten, besagten im wesentlichen, die prähistorische Kunst gründe auf einer Art Vorschrift, welche sowohl die Verteilung der Bildfelder als auch den Aufbau und die Bezüge der verschiedenen Themen untereinander bestimme. Der Leitfaden dieser Syntax bestehe in einer sexuellen Dualität, und die Tiere wie die abstrakten Zeichen seien Symbole dieses Prinzips. André Leroi-Gourhan zufolge fungierten die Pferde (A) als männliche und die Rinder (B) als weibliche Entsprechungen (Annette Laming-Emperaire gelangte zu dem genau entgegengesetzten Ergebnis) und somit als Säulen des Bildaufbaus. Diese beiden Elemente stellten das Wesentliche der Höhlenikonographie dar und seien in den zentralen Bildfeldern immer regelmäßig miteinander verbunden. Mammuts (C), Steinböcke (C), Nashörner (D) oder Raubtiere (D) befänden sich hingegen an der Peripherie des Ensembles. Die abstrakten Gebilde wiederum – geometrische Figuren, Pfeile oder Wunden – faßte man als »schmale« = männliche und »volle« = weibliche Zeichen zusammen, die diese Symbolik aufgriffen und manchmal auch verstärkten.Diese Betrachtungsweise setzte außerdem als selbstverständlich voraus, daß die Zahl der Themen wenig besagte, zehn Pferde so viel galten wie ein einziges, daß also nur das Thema an sich zählte. Die geläufigste Formel, die man mitunter in derselben Höhle mehrmals hintereinander antreffe, lautet demnach: C–A+B–C–D. Aufgeschlüsselt hieße dies: Mammut(s) oder/und Hirsch(e) oder/und Steinbock (Steinböcke) = C – Pferd(e) = A und Wisent(e) = B – Mammut(s) oder/und Hirsch(e) oder/und Steinbock (Steinböcke) = C – Nashorn (Nashörner) oder/und Raubtier(e) = D.

Nun zeigt aber gerade die Anwendung der statistischen Methode in Rouffignac am besten, daß sich die Kunst dieser Höhle nicht in einen solchen vorgegebenen Rahmen pressen läßt. Die Pferde und Wisente, die normalerweise überwiegen, machen hier gerade 6,35 Prozent beziehungsweise 11 Prozent der Darstellungen aus, während die Mammuts mit 62 Prozent zu Buche schlagen. Die Nashörner, ein ansonsten ganz randständiges Thema, stellen immer noch 4,1 Prozent der Figuren, das heißt fast genausoviel wie die tectiformen Zeichen (»weibliche Symbole«), die sich auf 5,57 Prozent belaufen. Das als konstant postulierte Verhältnis zwischen den verschiedenen Themen ist hier also völlig auf den Kopf gestellt.

Was für die einzelnen Themen gilt, findet sich unschwer im gesamten Bildaufbau wieder. Das Pferd und der Wisent sind nur zwei- oder dreimal in den zentralen Bildfeldern miteinander verknüpft, während das Mammut und der Wisent sechsmal, das Mammut und das Nashorn zweimal gemeinsam abgebildet sind. Außerdem ist zu bemerken, daß zwar die isolierten Bildfelder wie der erste gezeichnete Fries (Abb. 18) in ihrer Gesamtheit erfaßt werden können, während man bei den großen Ensembles nur einen mehr oder weniger willkürlichen Ausschnitt berücksichtigt. Nehmen wir zum Beispiel die Galerie Henri Breuil: Die linke Wand wirkt wie ein zusammenhängendes, in Übereinstimmung mit der Vorgabe geschaffenes Bildfeld, während die Bildanordnung auf der rechten Wand darauf fast überhaupt keine Rücksicht zu nehmen scheint. Hier stehen Nashorn und Mammut im Mittelpunkt, während der Wisent gänzlich fehlt und nur ein einziges Pferd vorhanden ist. Es bedurfte schon beträchtlicher Verrenkungen für André Leroi-Gourhan, um sein vorgefaßtes Schema über die Wandkunst von Rouffignac zu stülpen. So paßte er die linke Wand der Galerie Breuil zum Beispiel in die Formel: D–C–A–C–D–B–C.

Auf den ersten Blick mag ja der Eindruck überwiegen, daß die Darstellungen der einen wie der anderen Höhle in genauer, stets beachteter Regelmäßigkeit angebracht worden sind. Aber man kann sich natürlich fragen, wie die prähistorischen Menschen in der Lage gewesen sein sollen, ein und denselben Regelkanon unter so verschiedenartigen Umständen umzusetzen – in Höhlen, die mal ein paar Meter tief sind und sich dann wieder über einige Kilometer erstrecken, in einer unterirdischen Topographie, die den unterschiedlichsten Launen der Natur entsprungen ist. Man sollte sich allerdings auch fragen, welche Folgen die Veränderungen in der natürlichen Umwelt mit sich brachten. Sind die frühzeitlichen Menschen nicht mit ganz unterschiedlichen Tierarten in Berührung gekommen, je nachdem, wie sich die klimatischen Verhältnisse während des Jungpaläolithikums wandelten? Wie haben sich die sozialen Beziehungen entwickelt, und kann man überhaupt davon ausgehen, daß sie zu einem bestimmten Zeitpunkt in ganz Südeuropa gleich beschaffen waren? Hat es Bevölkerungsverschiebungen gegeben und, wenn ja, in welchem Ausmaß, in welcher Ausdehnung, aufgrund welcher Umstände? Selbst wenn wir diese Fragen nicht schlüssig beantworten können, so läßt die Kunst von Rouffignac unseres Erachtens doch durchscheinen, daß es einigen unbestreitbaren Übereinstimmungen zum Trotz nicht eine, sondern wahrscheinlich mehrere paläolithische Kunstformen gegeben hat. Es wäre infolgedessen vollkommen verfehlt, wollte man sämtliche Bilderhöhlen starrsinnig in ein und dasselbe Schema pressen.

Wenn diese Form der Annäherung letztlich nichts dazu beitragen kann, die Bedeutung dieser Kunst zu erhellen, so vermag sie doch zumindest eines: die Kunst einer Höhle als strukturiertes Ganzes aufzufassen. Dies war über weite Strecken auch die Absicht, die den vorangegangenen Kapiteln zugrunde lag. Für uns steht ebenfalls außer Zweifel, daß die 254 graphischen Einheiten sowie die unzähligen abstrakten Gebilde, die diese Höhle enthält, von den magdalénienzeitlichen Künstlern nicht nach Lust und Laune und aufs Geratewohl an den Wänden und Decken angebracht wurden. Verschiedene Faktoren weisen darauf hin, daß es tatsächlich einen verbindlichen Rahmen gegeben hat, den die Künstler *auf ihre Weise* beachteten: die Wechselbeziehung zwischen der Höhlentopographie und den Standorten der Darstellungen; deren Einbeziehung in den Raum; die spielerischen Verknüpfungen, die Mammuts, Wisente und Nashörner im Mittelpunkt des Bildfelds vereinen, sowie die besondere Darstellungsweise, die bestimmten Themen wie zum Beispiel den Menschenfiguren vorbehalten ist. Man muß folglich einräumen, daß diese graphische Ausdrucksweise über ihren tatsächlichen ästhetischen Reiz hinaus insbesondere die Qualität einer symbolisch verschlüsselten Schrift besitzt, und es war zweifelsohne der Forschungsansatz von André Leroi-Gourhan, der der Wissenschaft diesen neuen Weg gewiesen hat.

Vom Tod zum Leben[3]

Von allen Forschern, die sich mit der Bedeutung der prähistorischen Kunst befaßt haben, hat sich Louis-René Nougier am häufigsten auf Rouffignac bezogen. Seine Ausführungen, die oft sehr kategorisch gehalten sind, gehen vom Prinzip der »Erdmutter« aus und beruhen auf der Annahme, daß sich eine Mythologie von der Urgeschichte bis zur griechischen und römischen Antike kontinuierlich fortgesetzt habe. Sein ganzes

Gedankengebäude kann exemplarisch in seiner Interpretation des Frieses der fünf Mammuts nachvollzogen werden, wo zwei Tiere zum Höhleninneren, zwei weitere zum Eingang hin ausgerichtet sind und außerdem mit einem schlangenförmigen Gebilde und einem ebenfalls nach außen orientierten Jungtier in Verbindung stehen. Die beiden ersten Mammuts, die sich in die Tiefen der Höhle aufzumachen scheinen, symbolisieren für ihn den Tod. Die beiden erwachsenen Tiere, die zusammen mit der Schlange als Sinnbild des Lebens[4] abgebildet sind, sowie das gleichfalls in Richtung Tageslicht gehende Jungtier stehen hingegen für das Leben, das die Erde fortwährend erzeugt. Die Höhle würde demnach, wie eine Art Vorzimmer, Zugang zum Innersten der fruchtbaren Erde gewähren – einer Erde, auf der jeden Herbst die Pflanzen absterben, um im Frühling wieder zu ergrünen; wo die Sonne jeden Morgen hinter dem Horizont aufsteigt, um abends wieder zu versinken; einer Erde schließlich, aus deren Innerem im Frühling bestimmte Tiere wie etwa die jungen Bären hervorkommen. Man versteht nun besser, warum die Darstellungen so häufig mit den Schächten – den »Schattenmündern«, wie Louis-René Nougier sie nennt – verknüpft sind, aus denen die Tiere und Menschen hervorzukommen scheinen.

Wenn man es recht bedenkt, so ist diese Sichtweise letztlich nicht allzuweit vom Interpretationsansatz André Leroi-Gourhans entfernt. Die Idee der Erdmutter, das heißt der Fruchtbarkeit, sowie die Todessymbolik sind beim einen wie beim anderen anzutreffen. Wenn man die Verwundung als ein weibliches Zeichen deutet, sind in der Tat die beiden Vorstellungskomplexe Tod und Fruchtbarkeit vereint. Die beiden Annäherungsweisen unterscheiden sich vielmehr in der Herleitung ihrer zentralen Aussagen. Während sich die eine stringent – da statistisch – gibt, geht die andere vergleichend zu Werke, indem sie sich von einer Mythologie anregen läßt, deren Ähnlichkeit mit einem paläolithischen Äquivalent sie zu erweisen versucht. Man trifft bei Louis-René Nougier im übrigen nicht selten Verweise auf den Drachen von Delphi – den Hüter des Heiligtums –, auf Demeter sowie auf andere chthonische, das heißt der Erde zugehörige Gottheiten an.

Der Schamanismus

Vor nicht allzu langer Zeit haben Jean Clottes und David Lewis-Williams die Hypothese aufgestellt, die paläolithische Kunst sei in den Zusammenhang mit schamanistischen Praktiken einzuordnen. Nachdem man auf verschiedene Weise versucht hatte, die Bedeutung dieser Kunst zu erhellen – genannt seien hier als Stichworte der Totemismus, der Beschwörungszauber, die Initiationsriten, die in eine verschlüsselte symbolische Schrift gekleidete Botschaft sowie der mythologische Kontext –, war es zweifelsohne von Nutzen, auch diese Annahme einer näheren Betrachtung zu unterziehen. Die Verfasser führen einige scharfsinnige Beispiele an, die ihrem Argumentationsgang eine gewisse Glaubwürdigkeit verleihen. Wie die Autoren jedoch selbst erläutern, kann der Schamanismus nicht alle Aspekte der paläolithischen Höhlenkunst erklären. Zwar könnte man sich vorstellen, daß die Decke mit den schlangenförmigen Linien sowie einige Ansammlungen einfacher Figuren auf Personen zurückgehen, die sich in einem veränderten Bewußtseinszustand befanden, aber die übrigen Darstellungen sind zu gut strukturiert oder, in anderen Worten, zu rational, als daß diese Hypothese hier noch zutreffen könnte. Die Details sind überzeugend angegeben, der Bildaufbau ist äußerst komplex, und die Beziehungen zwischen der komplizierten Höhlentopographie und der gesamten Anlage der Wandkunst sind derart vielschichtig, daß dies nur Menschen mit einer äußerst bewußten und klaren Geisteshaltung vollbringen konnten.

Man sollte sich aber in Erinnerung rufen, daß Rouffignac viel über sich hat ergehen lassen müssen und die zahlreichen Besuche in der Höhle vom Magdalénien bis in unsere Tage ihre Spuren hinterlassen haben. Uns sind mit Sicherheit viele Zeugnisse verlorengegangen, die darüber hätten Aufschluß geben können, was sich vor langer Zeit in den verschiedenen Galerien zugetragen hat. Auch wenn es vermutlich stimmt, daß die Darstellungen in der Höhle genau und mit Bedacht erwogen worden sind, bevor man sie anbrachte, so spricht doch nichts gegen die Annahme, daß bestimmte Galerien Schauplätze für gewisse Zeremonien waren. Es ist demnach nicht nur der symbolische Gehalt dieser graphischen Ausdrucksform, den wir eruieren müssen, sondern wir müssen auch danach fragen, welchen Gebrauch man von ihr machte, nachdem sie erst einmal entstanden war. In diesem Fall könnte der Schamanismus durchaus Ansätze zu einer Antwort liefern – sofern es gelingt, ihn in seinen spezifischen paläolithischen Formen zu rekonstruieren.

Versuch einer Zusammenfassung

Wie wir gesehen haben, sind die Prähistoriker nicht in der Lage, die Frage nach der Bedeutung der Wandkunst von Rouffignac zufriedenstellend zu beantworten – von welcher Seite sie auch immer das Problem angehen. Und doch steht außer Zweifel, daß ein jeder dieser Wissenschaftler ein Körnchen Wahrheit gefunden hat. Als Henri Breuil diese Kunstform in Zusammenhang mit den Jägergemeinschaften brachte, hatte er unbestreitbar recht, denn die paläolithischen Menschen waren ja schließlich Jäger. Dies reicht jedoch nicht aus, um explizit von einer Kunst der Jagd zu sprechen. Es scheint folgerichtig zu sein, daß die Tierwelt, die im täglichen Leben der prähistorischen Menschen allgegenwärtig war, auch in ihren Legenden und Glaubensüberzeugungen eine herausragende Rolle spielte. Aber Kunst des Jägers und Kunst der Jagd bedeuten nicht zwangsläufig dasselbe. Auch Henri Breuil läßt diesen Sachverhalt anklingen, als er auf die Initiationsriten zu sprechen kam.

Seine Ausführungen nähern sich an dieser Stelle der Argumentation von Jean Clottes und David Lewis-Williams, denn auch sie führen ja Initianden und eingeweihte Schamanen an – eingeweiht in dem Sinne, daß diese Personen durch das Medium der Trance als Vermittler zwischen der wirklichen Welt und dem Reich der Geistwesen agierten. Man kann nur bedauern, daß sich beide Wissenschaftler nicht so weit vorwagen wie Henri Breuil und letztlich auf eine Interpretation verzichten. So führen sie zwar die paläolithische Wandkunst auf den Schamanismus zurück – ein genau umrissenes, vollkommen nachvollziehbares soziokulturelles Phänomen –, aber sie versäumen es, uns etwas über den Sinn der Bilder und folglich über den symbolischen Gehalt der Botschaft mitzuteilen. Ihre Deutung der Höhle als Zugang zu einer Welt »jenseits« der unseren ist hingegen schlüssig und kann daher beibehalten werden.

Die strukturalistischen Theorien stellten ursprünglich einen Vorstoß dar, der heute mit mehr Bedacht vertreten wird als einst. Annette Laming-Emperaire und André Leroi-Gourhan haben mit ihrer Untersuchungsmethode den Zweifel – und damit die Vorsicht – in die Erforschung der prähistorischen Kunst eingebracht. Das Verdienst dieser stringenten Herangehensweise besteht darin, daß sie niemanden verschont, nicht einmal ihre eigenen Urheber. Die statistische Erhebung zeigt, daß die Wandkunst einer jeden Höhle einen durchstrukturierten Aufbau besitzt und zugleich einzigartig ist. Es hat also nichts Überraschendes an sich, wenn man in Rouffignac dasselbe vorfindet wie in vielen anderen Höhlen der Umgebung und erst recht im gesamten frankokantabrischen Gebiet.

Als Louis-René Nougier auf den Zusammenhang zwischen den »Schattenmündern« und den wichtigsten Figurengruppen hinwies, bestätigte er ein weiteres Mal die Aussage von André Leroi-Gourhan, daß die Wandkunst nach bestimmten Prinzipien aufgebaut ist. Die Darlegungen von Claude Barrière sind diesbezüglich besonders aufschlußreich, denn er versucht, die allgemeine Struktur der Wandkunst und die an die »Schattenmünder« anknüpfenden Überlegungen in einer Synthese zusammenzuführen und damit zwei augenscheinlich recht unterschiedliche Betrachtungsweisen zu vereinen.

Unser Gang durch die Höhle hat ergeben, daß das Darstellungsensemble von Rouffignac tatsächlich einen inneren Zusammenhang aufweist; hierin sind sich alle Wissenschaftler einig. Diese Kohärenz nimmt ihren Ausgang von der meisterhaften Beherrschung der Höhlentopographie und mündet in die räumliche Aufgliederung des Wandschmucks, die sich durch folgende Merkmale auszeichnet:

- Die wichtigsten Prinzipien des Ensembles werden ständig in Erinnerung gerufen, und zwar durch kleine Bildgruppen, die man entlang dem gesamten Höhlenverlauf immer wieder angebracht hat;
- die verschiedenen Galerien sind einem bestimmten Thema vorbehalten;
- die großen Bildensembles dienten wahrscheinlich unterschiedlichen Verrichtungen: die geräumigere Galerie Henri Breuil konnte mehreren Personen Platz bieten, die Galerie der Großen Decke hingegen nicht; es ist also durchaus vorstellbar, daß dieser Bereich der Höhle nur für bestimmte Personen zugänglich war.

Auf jeden Fall scheint die Wandkunst von Rouffignac in einem Zug konzipiert worden zu sein. Daraus ergibt sich ihr innerer Zusammenhang, aber das schließt keineswegs aus, daß sie nicht hier und da gelegentlich mit Zusätzen versehen worden ist. Es bedarf folglich einer noch eingehenderen Untersuchung des Stils, der Darstellungstechnik sowie der Überlagerungen, um hier Klarheit zu schaffen und eine überzeugendere Lesung der Wandkunst zu ermöglichen, die uns näher an ihre Bedeutung heranführt.

Zurück ans Tageslicht

Nun sind wir am Ende unserer langsamen Entdeckungstour angelangt: Einen Kilometer vom Tageslicht entfernt kauern wir, mit vor Kälte und Feuchtigkeit klammen Gliedmaßen, auf der flachen lehmigen Erhebung, die kaum Raum zum Ausstrecken bietet und von der aus man die Darstellung der mutmaßlichen Saïga-Antilope erblicken kann. Nach und nach hat sich uns Rouffignac von den verschiedensten Seiten eröffnet. Einmal mehr ist offenkundig geworden, daß die Verbände der Sammler und Jäger gegen Ende der Eiszeit professionelle Künstler in ihrer Mitte beherbergten und diese auch unterstützten. Die Klarheit der Linien, die Abfolge der Darstellungen, die Sicherheit bei der Wahl der technischen Mittel – all dies zeugt von einer täglichen Übung im graphischen Ausdruck. Zahlreiche dieser Werke lassen sogar erkennen, daß ihr Urheber Vergnügen empfand, als er sie herstellte. Gleichwohl sollte man daraus nicht ableiten, daß diese

96. Vorderkörper eines Wisents, der sich hinzuknien scheint (Länge: 0,68 m).

Kunst nur dem Zeitvertreib diente. Dann wäre nämlich schwer zu erklären, warum man gerade ausschließlich diese Stätten auswählte und die Wandkunst aus sich ständig wiederholenden, grundlegenden graphischen Einheiten aufgebaut ist.

Wie bei den anderen Bilderhöhlen auch erkennt man ohne weiteres, daß das Ensemble eine Struktur aufweist. Bestimmte Regeln treten sogar verhältnismäßig deutlich zutage, so in der Galerie Henri Breuil und an der Großen Decke. Das Aufbauschema der Wandkunst ist indessen nicht so beschaffen, wie André Leroi-Gourhan es in anderen Höhlen entdeckt zu haben vermeinte, denn hier, das sei noch einmal mit allem Nachdruck betont, wird der Höhlengang mehr als anderswo in seinen drei Dimensionen wahrgenommen, und die Bildfelder sind daher nicht linear aneinandergereiht.

Auch in Rouffignac bevorzugte man die großen Pflanzenfresser als Tiermotive sowie die Kombination figürlicher und abstrakter Darstellungen; auch hier vermied man jeden Bezug auf die Pflanzenwelt und den Kosmos, so daß sich diese Bilderhöhle widerspruchslos in den allgemeinen Rahmen der paläolithischen Wandkunst einfügt. Dasselbe gilt im übrigen auch für die Stilkonventionen, die nichts Außergewöhnliches an sich haben. Die eklatante Häufigkeit von Mammuts und Nashörnern, die Überfülle von mit Fingern gezogenen Linien, die Seltenheit des Pferds sowie das vollständige Fehlen sexueller Bezüge machen aus diesem Bildensemble jedoch etwas Besonderes.

Ungeachtet all dieser Besonderheiten führt die Kunst von Rouffignac eine Tradition fort, die zu diesem Zeitpunkt bereits seit fast 20 000 Jahren bestand. Daraus geht eindeutig hervor, daß diese Tradition nie »stabil« im Sinne von unveränderlich gewesen war, es nie sein konnte, sondern daß sie zusammen mit den Veränderungen in der Umwelt, in den Gemeinschaften, in der Geisteshaltung der Menschen einem Wandel unterworfen war. Es wäre also vergebens, wollte man hier all das suchen, was man anderweitig vorfindet. Was die Originalität von Rouffignac auszeichnet, ist eben jene Mischung aus einem weit zurückreichenden Erbe und einer Modernität des Augenblicks. Solange wir keine genaueren Informationen zur Sozialstruktur, zu den Gebräuchen, Legenden, Glaubensüberzeugungen oder Mythen der Menschen jener Zeit besitzen, ist nicht daran zu denken, eine solche Botschaft zu entschlüsseln. Vorläufig läßt sich nicht mehr sagen als dies: Allein spirituelle Beweggründe konnten den Ausschlag dafür gegeben haben, daß sich diese Männer – oder Frauen – in solche Stätten vorwagten und dort ihre Bilder anbrachten, die wir Heutigen nicht anders als anerkennen und bewundern können.

ANMERKUNGEN

Kapitel 1 – **Die Höhle und ihre natürliche Umgebung**

1. Die nachfolgenden Ausführungen stützen sich über weite Strecken auf eine hydrogeologische Untersuchung, die Jean Vouvé und Jacques Capdeville in den Jahren 1982/83 durchgeführt und 1984 veröffentlicht haben. In der Studie unternehmen die Autoren den Versuch, die Entstehung des Höhlensystems von Rouffignac zu erklären. Die Ausführungen in diesem Kapitel sind demnach als eine Zusammenfassung ihrer Forschungen zu verstehen.

Kapitel 2 – **Die lange Geschichte einer Höhle**

1. In einem Brief von Philippe Renault aus dem Jahre 1987 an den Verfasser heißt es: »[…] ein oberer Abschnitt unmittelbar unter den Bärenkuhlen besteht aus einer Lehmmasse, die von den Bären durchgeknetet worden ist; […] sie ist bis in eine Tiefe von etwas mehr als 50 cm aufgescharrt und durchwühlt. Darunter folgt eine Schicht aus rotem Lehm von einheitlicher Konsistenz. Sie ist von großen Rissen durchfurcht – Abflußrinnen, die sich etwa einen Zentimeter öffnen und deren Seitenwände mit Mondmilch bedeckt sind, einer bröckligen weißen Substanz, die zunächst nicht näher bestimmt werden konnte. […] Als eine Probe unter dem Polarisationsmikroskop untersucht wurde, waren schräg ausgerichtete Nadeln zu sehen, die über 330 Mikrometer lang und 1–2 Mikrometer breit waren [1 Mikrometer = 10^{-6} m]. Wie sich herausstellte, handelte es sich um Phosphatnadeln.
Der Höhlenbär (*Ursus spelaeus*) suchte mit Vorliebe Höhlen auf und schätzte die Bequemlichkeit. Er lockerte den Lehm auf, indem er ihn durchknetete, und formte daraus ein Nest. Beim Überwintern ließ er seine Exkremente in der Vertiefung zurück. Der Urin und vielleicht auch Sickerwasser von der Decke und den Wänden der Höhle haben die Phosphate in die Tiefe transportiert, wo sie sich an den Wänden der Abflußrinnen zu spitzen Nadeln auskristallisierten.« – 2. Cl. BARRIÈRE, L'Art pariétal de Rouffignac, 1982, S. 194. – 3. MUNSTER und BELLE-FOREST, S. 198.

Kapitel 3 – **Der Krieg der Mammuts**

1. L.-R. NOUGIER 1957, S. 189. – 2. L.-R. NOUGIER 1956, S. 62–68. – 3. Die Zeitungen *Sud-Ouest* vom 20. und 21. Juli 1956; *Paris-Presse l'Intransigeant* vom 21. und 22. Juli 1956. – 4. Die Zeitung *Sud-Ouest* vom 30. Juli und 11. September 1956. – 5. Die Zeitung *Le Courrier du Centre* vom 27. Juli 1956. – 6. Die Zeitung *Sud-Ouest* vom 30. Juli 1956. – 7. L.-R. NOUGIER 1957, S. 239. – 8. L.-R. NOUGIER 1957, S. 290f. – 9. Ebd. – 10. *Some Small Harvest. The Memoirs of Glyn Daniel*, Thames and Hudson 1986, S. 351–361. 11. London 1592, S. 51, *The Survay or Topographical Description of France.* Dort heißt es u.a.: »Neere to Miremont there is a cave named Cluzeau, that runned 5 or 6 leagues under ground, and hath faire rooms paved after the Antique fashion, some altars and paintings, divers fountaines and brookes, especially one, which being 120 food brode is swit and deep.« – 12. SAINT-MATHURIN 1958, S. 588–592. – 13. L. PALES 1989, S. 66f. – 14. P. GRAZIOSI, Bericht an die Abteilung für Baukunst, September 1956. – 15. Ebd. – 16. L.-R. NOUGIER und R. ROBERT, Rouffignac, 1959.

Kapitel 4 – **Wände, Techniken und Stilformen**

1. A. LEROI-GOURHAN 1984, S. 984. – 2. L.-R. NOUGIER und R. ROBERT 1959. – 3. Cl. BARRIÈRE 1970, S. 21. – 4. C. COURAUD und A. LAMING-EMPERAIRE, *Lascaux inconnu*, 1979, S. 157. – 5. Cl. BARRIÈRE 1970, S. 12–21. – 6. Cl. BARRIÈRE 1970, S. 32.

Kapitel 5 – **Die Themen: Vom Mammut bis zur Schlange**

1. Cl. BARRIÈRE 1982, S. 21. – 2. A. LEROI-GOURHAN 1971, S. 264. – 3. L.-R. NOUGIER 1984, S. 251–256. – 4. Cl. BARRIÈRE 1982, S.142. – 5. 1986, S. 57, hat Claude BARRIÈRE ein Auge angegeben, das wir aber auf der Darstellung nicht finden konnten. – 6. und 7. R. BÉGOUËN 1993, S. 201–205.

Kapitel 6 – **Eine eigene Bildwelt**

1. J. CLOTTES und J. COURTIN 1995, S. 167.

Kapitel 7 – **Eine durchdachte Bildabfolge**

1. L.-R. NOUGIER 1960, Fasc. 3, S. 81f. – 2. Cl. BARRIÈRE 1982, S. 102. – 3. J. PLASSARD (erscheint demnächst). – 4. Dieser Tatbestand wurde von André Leroi-Gourhan hervorgehoben und in der Folge von Claude Barrière aufgegriffen.

Kapitel 8 – **Eine Botschaft voller Sinn**

1. H. BREUIL 1952, Kap. 1. – 2. Mündliche Mitteilung von Louis Plassard. – 3. Cl. BARRIÈRE 1982, S. 194f. – 4. L.-R. NOUGIER 1984 (»Die Schlange, die sich häutet und neu entsteht«), S. 226–230.

Bibliographie

Altuna, J. (1996): Ekain und Altxerri bei San Sebastian. Zwei altsteinzeitliche Bilderhöhlen im spanischen Baskenland, Thorbecke SPELÄO 3, hg., übers. und mit einem Vorwort von Gerhard Bosinski, Sigmaringen.

Bahn, P., und Lister, A. (1995): Encyclopédie complète des mammouths, Paris, 168 S.

Bahn, P., und Vertut, J. (1997): Journey through the Ice Age, London, 240 S.

Barrière, Cl. (1959): Grotte de Rouffignac: résultats des premières fouilles 1957–1958, in: Travaux de l'Institut d'art préhistorique, fasc. 3, Institut d'art préhistorique de l'université de Toulouse-Le Mirail, S. 2–8.

– (1960): Petit trésor monétaire dans la grotte de Rouffignac, in: Travaux de l'Institut d'art préhistorique, fasc. 3, Institut d'art préhistorique de l'université de Toulouse-Le Mirail, S. 27–29.

– (1965): Flore et faune de Rouffignac, in: Travaux de l'Institut d'art préhistorique, Bd. I, fasc. 5, Institut d'art préhistorique de l'université de Toulouse-Le Mirail, S. 7–12.

– (1970): Les techniques de la gravure à Rouffignac, in: Travaux de l'Institut d'art préhistorique, Publications de la Faculté des Lettres et Sciences humaines de Toulouse-Le Mirail, Bd. XII, S. 1–153, 42 Abb.

– (1982): L'Art pariétal de Rouffignac, Paris, 208 S., 519 Abb., 6 Tafeln.

– (1984): Grotte des Combarelles I (grotte à Mentoune, grotte de Tounialou), in: L'Art des cavernes: atlas des grottes ornées paléolithiques françaises, Paris, ministère de la Culture, Imprimerie nationale, S. 109–113, 14 Abb.

– (1986): À propos d'»Adam et Ève« de Rouffignac, in: Travaux de l'Institut d'art préhistorique, université de Toulouse-Le Mirail, Bd. XXVII, S. 57.

– (1993): Les reptiles, in: L'Art pariétal paléolithique: techniques et méthodes d'études, GRAPP, Paris, Comité des travaux historiques et scientifiques, ministère de l'Enseignement supérieur et de la Recherche, 427 S.,S. 191–192, 2 Abb.

Bégouën, R. (1993): Les animaux composites, in: L'Art pariétal paléolithique: techniques et méthodes d'études, Grapp, Paris, Comité des travaux historiques et scientifiques, ministère de l'Enseignement supérieur et de la Recherche, 427 S.,S. 201–205, 4 Abb.

– (1993): Les animaux irréels, in: L'Art pariétal paléolithique: techniques et méthodes d'études, Grapp, Paris, Comité des travaux historiques et scientifiques, ministère de l'Enseignement supérieur et de la Recherche, 427 S.,S. 207–210, 4 Abb.

Bégouën, R., und Breuil, H. (1958): Les Cavernes du Volp. Trois-Frères. Tuc d'Audoubert, à Montesquieu-Avantès, Paris, Trauvaux de l'Institut de paléontologie humaine, avec le concours du CNRS, 124 S. 115 Abb., 32 Tafeln, 1 Plan.

Beltrán, A., de Quirós, F. B., Lasheras Corruchaga, J. A., und Pérez-Seoane, M. M. (1998): Altamira. Mit Aufnahmen von P. A. Saura Ramos. Thorbecke SPELÄO 6, hg. und mit einem Vorwort von Gerhard Bosinski, Sigmaringen.

Bosinski, G., und Fischer, G. (1980): Mammut und Pferdedarstellungen von Gönnersdorf, Wiesbaden, 40 Abb., 105 Tafeln, 2Pläne.

Breuil, H. (1952): Quatre Cents Siècles d'art pariétal: les cavernes ornées de l'âge du renne, Montignac, Centre d'études et de documentation préhistoriques, 413 S., 531 Abb.

– (1958): La caverne ornée de Rouffignac, Cro de Granville (Dordogne), Académie des inscriptions et belles-lettres, Paris, Bd. XLIV, S. 147–169, 4 Abb.

– (1959): Des preuves de l'authenticité des figures pariétales de la caverne de Rouffignac, in: Bulletin de la Société préhistorique française, Paris, Nr. 1 und 2, S. 82–95, 5 Abb.

Brunet, J., Guillamet, E., und Plassard, J. (1997): L'élimination des graffitis de Rouffignac, in: INORA, Foix, Nr. 17.

Brunet, J., Guillamet, E., Plassard, J., und Vidal P. (1996): Réhabilitation des œuvres préhistoriques de Rouffignac, in: Coré (conservation et restauration du patrimoine culturel), Paris, Nr. 1.

Charrière, G. (1969): Un trio familial de rhinocéros, in: Actualités et culture vétérinaires, Paris, Nr. 78.

Chauvet, J.-M., Brunel-Deschamps, E., und Hillaire, C. ([3]1997): Grotte Chauvet bei Vallon-Pont-d'Arc. Altsteinzeitliche Höhlenkunst im Tal der Ardèche. Mit einem Nachwort von J. Clottes. Thorbecke SPELÄO 1, hg. von Gerhard Bosinski, Sigmaringen.

Clottes, J. (1997): Niaux. Die altsteinzeitlichen Bilderhöhlen in der Ariège. Thorbecke SPELÄO 4, hg. und mit einem Vorwort von Gerhard Bosinski, Sigmaringen.

Clottes, J., und Courtin, J. (1995): Grotte Cosquer bei Marseille. Eine im Meer versunkene Bilderhöhle. Thorbecke SPELÄO 2, hg. und mit einem Vorwort von Gerhard Bosinski, Sigmaringen.

Clottes, J., und Lewis-Williams, D. (1997): Schamanen. Trance und Magie in der Höhlenkunst der Steinzeit. Thorbecke SPELÄOTHEK 2, mit einer Einleitung von Peter Nittmann, Sigmaringen.

DANIEL., G. (1986): Some Small Harvest. The Memoirs of Glyn Daniel, London, S. 351–361.

DELPECH, F., SUIRE, C., COHEN, J., PRAT, F., und SAHLY, A.: Rouffignac: l'archéologie, Mémoire de l'Institut d'art préhistorique, publication de l'Institut d'art préhistorique de l'université de Toulouse-Le Mirail, 3 fasc., 453 S.

DELPORTE, H. (1990): L'Image des animaux dans l'art préhistorique, Paris, 255 S., 289 Abb.

DUBOURG, Ch. (1993): Les Expressions de la saisonnalité dans les arts paléolithiques. Les arts sur support lithique du bassin d'Aquitaine, université de Bordeaux-I, UFR des sciences de la terre. DEA d'anthropologie et de préhistoire.

FERGULIO, V. (1993): La gravure, in: L'Art pariétal paléolithique: techniques et méthodes d'études, GRAPP, Paris, Comité des travaux historiques et scientifiques, ministère de l'Enseignement supérieur et de la Recherche, 427 S., S. 265–274, 8 Abb.

GAUSSEN, J. (1964): La Grotte ornée de Gabillou (près Mussidan, Dordogne), publication de l'Institut de préhistoire de l'universite de Bordeaux, 67 S., 8 Abb., 69 kommentierte Tafeln.

– (1984): Grotte de Gabillou (grotte de las Agnelas), in: L'Art des cavernes: atlas des grottes ornées paléolithiques françaises, Paris, ministère de la Culture, S. 225–231, 16 Abb.

GRAZIOSI, P. (1956): Analyses chimiques des peintures de la grotte de Rouffignac, in: La Nature (revue), Paris, Nr. 3260.

– (21 septembre 1956): La Polémique de Rouffignac, Rapport à la direction de l'Architecture, Florence.

KÜHN, H. (1956): L'Éveil de l'humanité, Paris, 271 S.

LAMING-EMPERAIRE, A. (1962): La Signification de l'art rupestre paléolithique: méthodes et significations, Paris, 50 Abb., 10 Tabl., 24 Tafeln.

LEROI-GOURHAN, A. (1971): Préhistoire de l'art occidental, Paris, 499 S., 804 Abb.

– (1971): Les Religions de la préhistoire, Paris, coll. »Mythes et religions«, 154 S., 16 Abb.

– (1972): Santander Symposium, Santander, S. 281–319.

– (1984): Introduction à l'art pariétal paléolithique, Milan, coll. »L'empreinte de l'homme«, 76 S., 132 Abb.

– (1990): Organisation figurative de la grotte de Rouffignac, in: Bullettin de la Société historique et archéologique du Périgord, Périgueux, Bd. CXVII (mit einem einleitenden Kommentar von B. und G. DELLUC), S. 21–39, 12 Abb.

– (1992): L'Art pariétal: langage de la préhistoire, Grenoble, coll. »L'homme des origines«, 420 S., 85 Abb.

LEROI-GOURHAN, Arl., und ALLAIN, J. (1979): Lascaux inconnu, XIIe supplément à Gallia Préhistoire, Paris, 381 S.

LEROI-GOURHAN, Arl., COURAUD, C., und LAMING-EMPERAIRE, A. (1979): Les colorants, in: Lascaux inconnu, Paris, S. 153–170, 16 Abb., 1 Tafel.

LORBLANCHET, M. (1997): Höhlenmalerei. Ein Handbuch. Thorbecke SPELÄOTHEK 1, hg. und mit einem Vorwort von Gerhard BOSINSKI, Sigmaringen.

MARTEL, E.-A. (1894): Les Abîmes, les eaux souterraines, les cavernes, les sources: la spéléologie, Paris.

MARTIN, Y. (1993): Dessin au trait peint ou gravé, in: L'Art pariétal paléolithique: techniques et méthodes d'études, GRAPP, Paris, Comité des travaux historiques et scientifiques, ministère de l'Enseignement supérieur et de la Recherche, 427 S., S. 247–254, 7 Abb.

MUNSTER, S., und BELLE-FOREST, F. (1575): Cosmographie universelle et de tout le monde, Paris, Nicolas Chesneau, Saint Iaque, au Chesne Verd, Bd. I, fasc. 1, Stadtbibliothek von Bordeaux, H 207, Patrimonialfonds.

NOUGIER, L.-R. (1958): Discours de clôture, Congrès préhistorique de France, 15. Sitzung, Poitiers-Angoulême, 15–22 Juli 1956, Paris, S. 62–68, 6 Abb.

– 1960): La signification de Rouffignac, in: Travaux de l'Institut d'art préhistorique, fasc. 3, Institut d'art préhistorique de l'université de Toulouse-Le Mirail, S. 79–83.

– (1963): La Préhistoire. Essai de paléosociologie religieuse, Tournai, coll. »Religions du monde«, 144 S., 53 Abb., 1 Plan.

– (1966): L'Art préhistorique, Paris, coll. »Les neuf muses«, 186 S., 40 Abb., 39 Tafeln.

– (1967): L'art préhistorique occidental et ses problèmes: réflexions à propos d'un ouvrage récent, in: Travaux de l'Institut d'art préhistorique, Bd. III, fasc. 1, Institut d'art préhistorique de l'université de Toulouse-Le Mirail, S. 151–171.

– (1984): Premiers Éveils de l'homme: art, magie, sexualité dans la préhistoire, Paris, 335 S., 40 Abb.

NOUGIER, L.-R., und ROBERT, R. (1957): Rouffignac ou la Guerre des mammouths, Paris, 311 S., 33 Abb.

– (1959): Rouffignac: Galerie Breuil et Grand Plafond, Florenze, coll. »Origines«, 79 S., 5 Graphiken, 53 Tafeln.

PALES, L. (1989): Les Gravures de La Marche, IV: cervidés, mammouths et divers, 121 S., 22 Abb., 95 Tafeln.

PIERRET, B. (1953): Le Périgord souterrain, gouffres, grottes et rivières souterraines de Dordogne, Montignac.

– (1957): Les Cavernes touristiques du Périgord, en appendice: précisions sur Miremont, Périgueux.

PLASSARD, J. (1992): Réflexion sur l'art de Rouffignac, in: L'Anthropologie, Paris, Bd. 96, S. 357–368.

PLASSARD, F. (erscheint demnächst): Figures inédites de la grotte de Rouffignac, in: Gallia Préhistoire, Paris.

RENAULT, Ph. (1970): La Formation des cavernes, Paris, coll. »Que sais-je?«, 127 S., 35 Abb.

ROUSSEAU, M. (1967): Les Grands Félins dans l'art de notre préhistoire, Paris, 144 S., 66 Abb.

ROUSSOT, A. (1984): Grotte de Font-de-Gaume (grotte du sourd), in: L'Art des cavernes: atlas des grottes ornées paléolithiques françaises, Paris, ministère de la Culture, S. 129–134, 9 Abb.

– (1984): Grotte de Bernifal, in: L'Art des cavernes: atlas des grottes ornées paléolithiques françaises, Paris, ministère de la Culture, S. 170–174, 8 Abb.

SACCHI, D. (1993): Les Caprinés, Antilopinés, Rupicaprinés, in: L'Art pariétal paléolithique: techniques et méthodes d'études, GRAPP, Paris, Comité des travaux historiques et scientifiques, ministère de l'Enseignement supérieur et de la Recherche, 427 S., S. 123–136, 15 Abb.

SAINT-MATHURIN, S. (1958): Rouffignac, ses textes, ses plans, in: Bulletin de la Société préhistorique française, Paris, Bd. LV, fasc. 10, S. 588–592, 1 Abb.

SAUVET, G. (1987): Les signes dans l'art mobilier, in: J. CLOTTES, L'Art des objets au paléolithique, Actes de colloques de la direction du patrimoine, Foix-Le Mas d'Azil, Bd. 2, S. 83–97.

SAUVET, G. und S., und WLODARCZYK, A. (1977): Essai de sémiologie préhistorique, in: Bulletin de la Société préhistorique française, Paris, Bd. LXXIV, fasc. 2, S. 545–558.

ŠČELINSKIJ, V. E., und ŠIROKOV, V. N. (1999): Höhlenmalerei im Ural. Kapova und Ignatievka. Die altsteinzeitlichen Bilderhöhlen im südlichen Ural. Thorbecke SPELÄO 5, hg., aus dem Russischen übertragen und mit einem Beitrag von Gerhard BOSINSKI, Sigmaringen.

SURMELY, F. (1993): Le Mammouth, géant de la Préhistoire, Paris, 128 S.

UCKO, P. J., und ROSENFELD, A. (1966): L'Art paléolithique, Paris, coll. »l'Univers des connaissances«, 256 S., 106 Abb.

VIALOU, D. (1986): L'Art des grottes en Ariège magdalénienne, XXII. Supplementband zu Gallia Préhistoire, Paris, Éd. Centre national de la recherche scientifique, 425 S., 245 Abb., 12 Pläne, 28 Tafeln.

VIDAL, P. (1981): Cavernes en Périgord, tourisme-spéléologie, Supplementband zu Spéléo-Dordogne, 197 S.

VOUVÉ, J., und CAPDEVILLE, J. (1984): Étude hydrogéologique de la grotte de Rouffignac, résultats du cycle d'études 1982–1983, Centre d'hydrogéologie de l'université de Bordeaux-I, ministère de la Culture, 2 Bände.

Inhalt

	Geleitwort (Gerhard Bosinski)	5
	Vorwort	7
	Einleitung	9
1	Die Höhle und ihre natürliche Umgebung	11
2	Die lange Geschichte einer Höhle	15
3	*La Guerre des Mammouths* (Der Krieg der Mammuts)	21
4	Wände, Techniken und Stilformen	27
5	Die Themen: Vom Mammut bis zur Schlange	43
6	Eine eigene Bildwelt	65
7	Eine durchdachte Bildabfolge	75
8	Eine Botschaft voller Sinn	87
9	Zurück ans Tageslicht	93
	Anmerkungen	95
	Bibliographie	96

thorbecke SPELÄO öffnet geschlossene Höhlen

Es zählt zu den großen Leistungen des Jan Thorbecke Verlags, dem breiten Publikum ein bisher wenig populäres Sujet schmackhaft gemacht zu haben und gleichzeitig der Fachwelt wegen der reichen Bebilderung ein nützliches Dokument zur Verfügung zu stellen. Selten zuvor wurde die Kunst unserer Vorfahren so faszinierend und kundig aufbereitet. ...

FAZ

Herausgegeben von Gerhard Bosinski

thorbecke SPELÄO 1
Bereits in 3. aktualisierter Auflage
Mit einem Nachwort von Jean Clottes.
Übersetzt von Kathrin Wüst. Herausgegeben und mit einem Vorwort von Gerhard Bosinski.
120 S., 92 Farbtafeln, 27 x 32 cm, Leinen; DM 68,–; sFr 62,–; öS 496,–
ISBN 3-7995-9000-5

thorbecke SPELÄO 3
Aus dem Spanischen übertragen, herausgegeben und mit einem Vorwort von Gerhard Bosinski.
200 S., 211 farbige Abb., 27 x 32 cm, Leinen; DM 89,–; sFr 81,–; öS 650,–
ISBN 3-7995-9002-1

In der gewohnt prächtigen Ausstattung, sorgfältig dokumentiert und wissenschaftlich erläutert. Ekain beeindruckt durch lebendige Pferdedarstellungen, Altxerri durch die Raffinesse der genutzten Techniken und die Auswahl der dargestellten Tiere – Fuchs, Schlange, Antilope.

Badische Zeitung

thorbecke SPELÄO 4
Aus dem Französischen übertragen von Sylvie Bergmann und Peter Nittmann. Herausgegeben und mit einem Vorwort von Gerhard Bosinski.
180 S., 181 farbige Abb., 27 x 32 cm, Leinen, DM 89,–; sFr 81,–; öS 650,–
ISBN 3-7995-9003-X

Dem ästhetischen Genuß der Abbildungen steht der Text in nichts nach. Als Autor zeichnet Jean Clottes verantwortlich. Dem weltweit anerkannten Prähistoriker zu den Ergebnissen seiner fast 25jährigen Beschäftigung mit den Höhlen des Ariège zu folgen, gleicht einer profunden, niemals langweiligen Reise in die Frühzeit.

FAZ

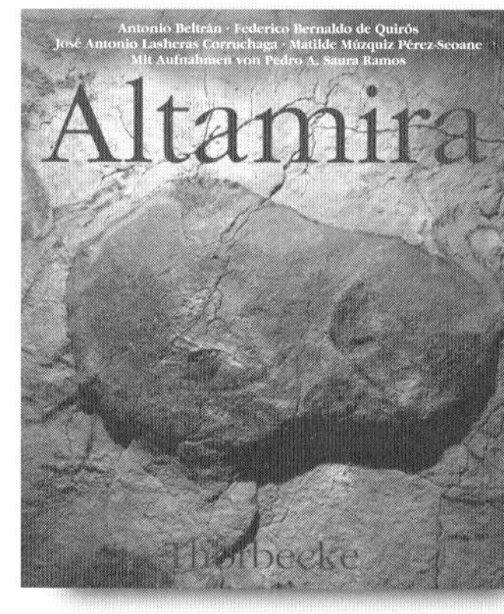

thorbecke SPELÄO 6
Herausgegeben und mit einem Vorwort von Gerhard Bosinski
Aus dem Spanischen übertragen von Kathrin Wüst und Betina Rotter
184 Seiten, 145 Abbildungen, davon 103 in Farbe, 27 x 32 cm, Leinen mit farbigem Schutzumschlag
DM 89,–; sFr 81,–; öS 650,–
ISBN 3-7995-9005-6

thorbecke SPELÄO 5
Herausgegeben, aus dem Russischen übertragen und mit einem Beitrag von Gerhard Bosinski
172 S., 238 Abb. und Karten, davon 176 in Farbe, 27 x 32 cm, Leinen
DM 89,–; sFr 81,–; öS 650,–
ISBN 3-7995-9004-8

... selbst Spezialisten sind die bis zu 16000 Jahre alten Malereien in den Höhlen Kapova und Ignatievka bis heute völlig unbekannt. Nun sind sie erstmals mit thorbecke SPELÄO in Bild und Text zu entdecken, dank modernster Computer-Technik selbst die Malereien, die kaum noch zu erkennen sind.

thorbecke SPELÄO 2
Aus dem Französischen übertragen von Kathrin Wüst. Herausgegeben und mit einem Vorwort von Gerhard Bosinski.
200 S., 127 Abb., 104 in Farbe, 27 x 32 cm, Leinen; DM 89,–; sFr 81,–; öS 650,–
ISBN 3-7995-9001-3

thorbecke SPELÄOTHEK 3
Mit einem Führer im Anhang, wie man auf eigene Faust ins »Quinkinland« und zu den dortigen Felsmalereien kommt.
Aus dem Englischen übertragen von Peter Nittmann.
192 S., 61 farbige Abb., 3 Karten, 18 x 25 cm, gebunden
DM 49,80; sFr 46,–; öS 364,–
ISBN 3-7995-9026-9

thorbecke SPELÄOTHEK

thorbecke SPELÄOTHEK 1
Aus dem Französischen übertragen von Peter Nittmann. Herausgegeben, mit einem Vorwort und einem Beitrag zur Wandkunst im Ural von Gerhard Bosinski.
340 S., 277 Abb., 18 x 25 cm, geb.
DM 59,–; sFr 53,50; öS 431,–; ISBN 3-7995-9025-0

thorbecke SPELÄOTHEK 2
Übersetzt und mit einer Einleitung von Peter Nittmann.
120 S., 114 Abb., davon 92 in Farbe, 4 Karten und Schaubilder, 27 x 32 cm, gebunden;
DM 79,–; sFr 72,–; öS 577,–; ISBN 3-7995-9051-X

thorbecke SPELÄOTHEK 4
272 Seiten mit 140 Abb. und Karten, davon 80 in Farbe, 18 x 25 cm, geb. mit farbigem Schutzumschlag, DM 59,–; sFr 53,50; öS 431,–
ISBN 3-7995-9029-3

Weihnachten - Silvester 1998: Eine sensationelle Expedition mit dem Bambusfloß übers offene Meer nach Australien läßt eine Jahrzehntausende zurückliegende Vergangenheit wieder auferstehen. Uralte Steinwerkzeuge auf einer kleinen indonesischen Insel revolutionieren unser Bild von der Menschwerdung . . .